LE MUSÉUM
DE FLORENCE,
OU
COLLECTION DES PIERRES GRAVÉES,
STATUES, MÉDAILLES ET PEINTURES,

Qui se trouvent à Florence, principalement dans le Cabinet du Grand Duc de Toscane,

Dédié & présenté à MONSIEUR, Frère du Roi,

Gravé par M. DAVID, Graveur de la Chambre & du Cabinet de MONSIEUR, Membre de l'Académie Royale des Beaux-Arts de Berlin, &c, &c.

Avec des Explications françoises,

Par M. MULOT, Docteur en Théologie de la Faculté de Paris, Chanoine Régulier de l'Abbaye Royale de Saint-Victor.

TOME TROISIÈME.

A PARIS,

Chez M. DAVID, rue des Cordeliers, au coin de celle de l'Observance.

M. DCC. LXXXVII.
AVEC PRIVILÉGE DU ROI.

LE MUSEUM
DE FLORENCE.
STATUES.

PLANCHE I.

JUPITER.

LA Toute-Puissance & la douceur sont les principaux attributs de la Divinité : l'une la fait craindre, l'autre la fait chérir. Dans la belle Statue de Jupiter, qu'il est bien naturel de placer la première de toutes celles que nous allons examiner, ces deux caractères se trouvent réunis. L'habile Artiste qui l'a faite semble avoir voulu saisir l'idée du célèbre Polyclète, lorsqu'à la demande des Argiens, cet immortel Sculpteur, fit en marbre blanc le Jupiter doux dont parle Pausanias. Son visage est tranquille & serein : sa main droite, armée de la foudre, ne la tient pas élevée pour la lancer ; mais la dirige vers les Royaumes sombres. L'ensemble de cette Statue indique que l'intention de son Auteur étoit d'exprimer ce Dieu jouissant de la paix, & maître du Ciel & de l'Univers, après sa victoire sur les Titans : aussi ne voit-on pas auprès de lui le Roi des oiseaux, l'aigle, porteur de ses armes. Le costume ajoute à l'expression. Le manteau que porte le Dieu, semblable à celui dont on revet Esculape, & que les Philosophes avoient choisi, voile les parties inférieures de son corps & laisse à nud toute la partie supérieure : c'est ainsi, disent les Mythologues, que l'on rend sensible la prérogative de Jupiter, d'être tout à la fois visible aux intelligences célestes, & caché aux habitans de ce monde. Les plis de ce vêtement bien ajustés donnent à l'ouvrage beaucoup de grace & de prix. Les anciens Étrusques revêtissoient ce Dieu du même manteau, comme nous le prouvent une patère & un vase très-beau que conserve le Museum des Médicis. Au surplus, une robe Philosophique ne dégrade point un Dieu, sur-tout quand il se fait gloire comme celui-ci, dans Lucien, de s'affimiler à ces Sages. Ses pieds font nuds, fans chauffure, fans même ces brodequins dont parle Paufanias & que Polyclète avoit voulu donner à Jupiter comme un figne de reffemblance avec Bacchus.

A travers les nuages de la Mythologie, feroit-il poffible d'entrevoir quelques vérités & de faire un abrégé du moins vraifemblable de l'Hiftoire de Jupiter ? Nous allons le tenter. Heureux fi nos efforts ne font pas infructueux.

Urane, dont le nom fignifie Ciel, pour défigner, fans doute, l'étude qu'il fit des mouvemens des Aftres & de leurs révolutions, époufa fa fœur Titée, que Sanchoniaton appelle *Gué* ou Terre. Cette union produifit plufieurs enfans qui, du nom de leur mère, furent appellés Titans. Ces Princes, adroits à profiter de ce qui pouvoit illuftrer leur origine, crurent la rendre plus refpectable en fe difant fils du Ciel & de la Terre. Ils étoient redoutables par leurs forces & leur valeur : & bientôt l'ambition les fit fe révolter contre Urane. Celui-ci les fit tous arrêter ; mais Saturne, l'un d'eux, délivré par Titée, rendit la liberté à fes frères, qui fe faifirent, à leur tour, de leur père & déférèrent la couronne à leur libérateur. Saturne, en peu de tems, fçut affermir fon Trône, & la révolte de quelques-uns de fes frères, animés par le remord, fut à l'inftant diffipée. Urane réduit à la condition de fujet, périt de chagrin, ou, comme le veut Sanchoniaton, des fuites d'une opération cruelle, que Titée avoit fécondée & qui le mettoit hors d'état de fe reproduire. Il eft poffible que ce fait ne foit que l'altération d'un autre plus certain, de la circoncifion d'Abraham, Patriarche que plufieurs Sçavans croyent reconnoître dans Chronos ou Saturne, fon image bien défigurée ; mais ne nous arrêtons pas en ce moment à ces doctes interprétations & pourfuivons rapidement notre récit. Saturne redevable du trône à fa mère, eut dû conferver pour elle des égards ; mais il fut ingrat, & dans un moment de colère que lui caufoit cette ingratitude, Titée le menaça du fort de fon père : menace funefte, fource de la dureté de Saturne pour fes enfans. Ce Prince avoit époufé fa fœur Rhéa, de laquelle il en avoit eu plufieurs. La menace de Titée, qu'il prit pour une prophétie, les lui fit, non pas dévorer, (ce que l'on crut d'après une équivoque) ; mais renfermer tous, à l'exception de Jupiter, qui venoit de naître & qui, fauvé par la fupercherie de fa mère, fut confié par elle aux Curètes. Ces Prêtres du Mont Ida, iffus du fang Royal, & qui, dans les États des Titans, étoient comme les Druïdes chez les Gaulois, les Mages chez les Perses, & les Saliens chez les Sabins, prirent soin de son enfance, & firent tant de bruit avec leurs lances dont ils frappoient leurs boucliers, qu'ils empêchèrent que l'on découvrît l'enfant. Le nom Arabe ou Phénicien donné à ces Prêtres, & mal interprété, fit naître la Fable des Colombes qui venoient nourrir le jeune Jupiter. La chèvre Amalthée, (que d'autres croyent être, non pas une chèvre; mais la Princesse fille de Mélitte, Roi de Crète), fournit le lait nécessaire à son enfance : par reconnoissance elle fut placée parmi les Astres, &, c'est d'une de ses cornes que les Grecs ont fait la corne d'Abondance. La rencontre de quelques ruches d'abeilles dans l'antre où l'on avoit caché le fils de Saturne, fit soupçonner qu'elles lui donnoient leur miel, comme, depuis, l'aigle que Jupiter vit au moment où il consultoit les Augures, avant d'entreprendre la guerre contre les Titans, & qui, suivant Hygin, fut mis aux Cieux, fut censé lui avoir porté de l'Ambroisie. Devenu grand, Jupiter prit avec lui *Métis*, ou, pour mieux dire, il se fit guider par la Prudence dans ses actions : il délivra les Titans, que son père tenoit enfermés dans des prisons, &, par leur secours, il détrôna Saturne & le força de se retirer en Italie. Les Titans, à leur tour, devinrent jaloux du nouveau Conquérant, &, sollicités, comme l'on croit, par Saturne, ils voulurent le combattre. Jupiter les défit à plusieurs reprises, & ce fut par la dernière victoire qu'il remporta sur eux près du Tartesse, d'où l'on dit qu'il les précipita dans le Tartare, qu'il termina une guerre de dix ans. Saturne passa en Sicile où il mourut dans le même état au quel il avoit réduit Urane. Jupiter avoit eu aussi à souffrir pendant son règne de la part des Géans, qui ne sont vraisemblablement que ces gens *puissans & fameux*, ces brigands qui désoloient la Thessalie. Il s'étoit retranché sur le Mont Olympe dont Homère fait le Ciel : & les Géans, que l'on dit avoir entassé le Mont Ossa sur le Pélion pour escalader l'Olympe, n'avoient fait sans doute de ces montagnes voisines de la première que des lieux de retraite où ils s'étoient fortifiés pour soutenir leur révolte, dans laquelle on a cru reconnoître la tentative ridicule de la Tour de Babel; mais enfin il en triompha. Jouissant de la paix, il fit entre lui, Neptune & Pluton le partage de l'Empire, que l'on regarde comme la trace du partage de la Terre entre les enfans de Noé.

Les anciens Écrivains de qui les Grecs ont emprunté ce qu'ils ont dit sur Jupiter, louèrent beaucoup son courage, sa prudence & ses vertus militaires. Heureux ce Prince s'il n'eut pas terni ses belles actions par sa passion pour le plaisir. On a couvert sous le voile des Métamorphoses les plus ingénieuses les crimes qu'un impur amour lui fit commettre. Ces galanteries (1) trop fréquentes avoient rendu Junon jalouse & complice d'une Conjuration qu'il diffipa. C'eſt le dernier de ſes exploits. Accablé de vieilleſſe il mourut dans l'Iſle de Crète où long-tems s'eſt vu ſon tombeau. Les Curètes qui avoient pris ſoin de ſon enfance, prirent celui de ſes funérailles.

Les noms de Jupiter furent ſans nombre & nous aurons plus d'une fois occaſion d'en parler dans le cours de cet Ouvrage.

Planche II.

JUNON.

Mère des Dieux, la sœur & l'épouſe de Jupiter, Protectrice ſpéciale des femmes, Junon, mérite que l'on s'occupe d'elle avant d'examiner la Statue qui la repréſente. Les Grecs lui donnoient le nom de Maitreſſe ou de Grande, & les Latins celui de *Juno*, que ſon éthymologie, qui eſt *Juvans* Secourable, rend plus flatteur : &, comme ces deux qualités de Secourable & de Reine doivent toujours être unies, ils lui donnoient également le titre de Reine *Regina*.

Pluſieurs Cités ſe glorifièrent de lui avoir donné naiſſance. Argos & Samos, qui ſe vantoient de cette prérogative, furent les Villes les plus fidelles à ſon culte. Nourrie par l'Océan & par Thétis, élevée par les filles du Fleuve Aſtérion, & ſoignée par les Heures, elle plût à ſon frère Jupiter. Que ne conſeille pas l'Amour ? Jupiter fait ſouffler un vent froid, ſe change en cou-cou & tremblant, preſque tranſi ſous cette métamorphoſe, il intéreſſe ſa sœur : Junon, ſans le craindre, met dans ſon ſein, pour le rechauffer, l'oiſeau trompeur qui venoit la ſéduire. Elle étoit ſeule en ce moment ſur le Mont Thorax, qui du nom du Cou-cou fut ſurnommé *Coccyx* : l'occaſion étoit belle : Jupiter careſſé comme oiſeau, pour tenter d'autres careſſes, reprit ſa forme ordinaire ; mais Junon ſévère ne conſentit à rien que ſous la promeſſe d'une union éternellement ſacrée. Leurs nôces furent célébrées avec pompe. Le mariage avoit été le ſeul moyen de poſſéder Junon : la poſſeſſion éteint les feux que le deſir allume : les deux époux furent infidèles : Jupiter par plaiſir, Junon, peut-être

---

(1) Tout ce que l'on prête chez les Poëtes au fils de Saturne ne ſçauroit lui convenir perſonnellement. Il en eſt de lui comme d'Hercule ; on a raſſemblé ſur une même tête les actions de pluſieurs hommes. Il n'y a pas de doute ſur la pluralité des Jupiters, & c'eſt même cette pluralité qui fut cauſe que divers pays ſe vantèrent d'avoir donné naiſſance à ce Dieu.

plus par vengeance. Femme & Déeſſe, cette paſſion étoit la plus violente de ſon cœur, & l'on connoît tout ce que les Poëtes en racontent. Une rupture, que cauſa le dépit, rappella Jupiter à ſes devoirs : l'amour renaît bien ſouvent des feux qu'il croit éteindre : une ruſe conſeillée par le ſage Cythéron qui régnoit à Platée, rapprocha Junon. Jupiter avoit fait faire une belle Statue de bois, & avoit répandu le bruit d'un mariage avec la fille d'Aſopus. Au jour indiqué pour cette ſolemnité, Junon arrive : elle ſe précipite ſur la fauſſe épouſe, que l'on promenoit publiquement dans un char, déchire le voile qui la couvre, voit la fraude, &, charmée d'une tromperie qui lui prouvoit de l'amour, elle renoue des nœuds que l'amour avoit formés. Mais hélas ! ces nœuds ſe rompent ſi facilement ! Junon ſe brouille de nouveau : & il faut que dans ſa colère elle ait bien outragé ſon époux, puiſque l'on veut, que, pour la punir, il l'ait ſuſpendue entre les Cieux & la terre avec une chaîne d'or, après avoir attaché à ſes pieds deux enclûmes énormes. Porphyre, outré de l'humeur farouche de cette Déeſſe, crut ne devoir la mettre qu'au nombre des mauvais Génies, &, il faut l'avouer, on ne peut mieux déſigner une femme jalouſe.

Les Anciens ne ſont pas d'accord au ſujet des enfans de Junon, Héſiode lui donne Hébé, Vénus, Lucine & Vulcain. Apollodore la fait mère d'Hébé, d'Illythye & d'Argé : d'autres y joignent Mars & Typhon : & les Mythologues allégoriſent encore ces générations ; ils prétendent que cette Déeſſe eſt devenue mère d'Hébé en mangeant des laitues, de Mars en touchant une fleur, & de Typhon en faiſant ſortir de la terre des vapeurs qu'elle reçut dans ſon ſein.

Ce ſeroit une folie de prétendre expliquer d'une manière ſûre toute cette hiſtoire fabuleuſe de Junon. On a cru cependant ſous ces voiles épais découvrir des myſtères de la Nature, & plus d'un Phyſicien adopte avec plaiſir les interprétations de Noël le Comte.

Il penſe que Junon eſt l'air, déſigné par le nom d'ἤ, que les Grecs lui donnèrent, ce qu'il croit encore reconnoître dans l'Hymne d'Orphée à cette Déeſſe. L'Iſle de Samos lui eſt aſſignée comme le lieu de ſa naiſſance, parce que c'eſt un des endroits de la terre où l'air eſt le plus pur. L'Océan & Thétys, les filles du fleuve Aſtérion & les Heures n'ont ſoin de ſon enfance & ne ſont chargés de la nourrir que pour indiquer la nature de l'air. L'union de Jupiter avec ſa ſœur n'annonceroit que cette chaleur bienfaiſante du Soleil, qui, communiquée à l'air, lui donne la force générative. Les diſſentions maritales ne feroient autre chofe que l'indice de la variation des tems & de l'oppofition des faifons. Iris n'eft la Meffagère de Junon que parce que fon arc nuancé annonce la férénité de l'air. Enfin, fi l'on voit Jupiter fufpendre Junon à une chaîne d'or, ayant deux enclûmes aux pieds & ne pouvant être délivrée par les Dieux, ne feroit-ce pas pour marquer l'union de l'air fupérieur avec l'inférieur, dont parle Platon dans le Timée? La terre & l'eau qui femblent comme fufpendues à l'air qui leur furnage, ne feroient-elles pas les enclumes qui nous étonnent? Et l'impoffibilité d'être délivrée ne marqueroit-elle pas cette jonction des élémens que celui-là feul peut féparer qui les a unis? La naiffance d'Hébé confirme ces conjectures: Junon brûloit dans le Palais de Jupiter où l'avoit introduite Apollon : trop de chaleur nuit à la génération, & le froid des laitues fauvages lui rendit cette douce température, feule propre aux travaux de l'Hymen. Enfin ce qui femble porter cette explication phyfique de la Fable de Junon à fon dernier point de vraifemblance, c'eft le temple de cette Déeffe, que Paufanias décrit dans fes Attiques, & que l'on voyoit fur la route d'Athènes. Sans toît & fans portes n'indiquoit-il pas à tous ceux qui le vifitoient, qu'on ne devoit point enfermer la Divinité que l'on adoroit dans fon enceinte, cet air qui nous fait vivre & fous l'empire duquel nous exiftons?

Les Alchymiftes trouvent auffi dans la Fable de Junon des emblêmes de leur art myftérieux ; mais dans un tiffu de faits éloignés, & que toujours les Poëtes & les Peintres ont exprimés avec la liberté dont ils jouiffent, que ne peut pas découvrir une imagination brillante & active? Dans fes doctes écrits le fçavant Court de Gébelin nous en a plus d'une fois donné des preuves.

Les noms fous lefquels on révère Junon font fans nombre. On l'appelloit *Sofpita*, parce qu'elle veilloit à la falubrité de l'air, dont l'intempérie caufe les maladies, &, fous cette dénomination, elle avoit trois temples, l'un à Lanuvium, & les deux autres à Rome : dans celui de Lanuvium, au rapport de Cotta, que fait parler Cicéron, cette Déeffe étoit repréfentée avec une peau de chèvre, une javeline, un petit bouclier & une chauffure recourbée en pointe fur le devant. Sous le titre de *Regina* que nous avons déja dit lui avoir été donné par les Latins, Junon avoit un temple au Mont Aventin, où, fous la dictature de Fur. Camillus, fut tranfportée fa Statue que l'on adoroit à Veïes : elle étoit fi refpectée, que fon Prêtre feul avoit le droit d'y toucher. Surnommée *Juno Lucina*, parce qu'elle préfidoit, difoit-on, aux accouchemens, on la repréfentoit comme une Matrone qui tenoit une coupe de la main droite & une lance de la gauche; quelquefois on lui mettoit un fouet dans la main, & ce fouet defignoit vraifemblablement celui du Prêtre Lupercal dont fe faifoient frapper les Dames Romaines pour devenir mères, ou pour être heureufement délivrées des enfans qu'elles portoient. Le nom de Lucine pouvoit encore, fuivant le témoignage d'Ovide, fe dériver du bois facré où elle recevoit les hommages des humains, bois que l'on appelloit *Lucus à Lucendo*. Comme Protectrice des femmes au moment de leurs accouchemens, elle fe nommoit encore *Egeria* & *Natalis*. C'étoit fous les aufpices de Junon que fe faifoient les mariages, & de là lui vinrent les noms de *Juga*, qui défignoit le joug auquel fe foumettoient les époux : de *Domiduca*, pour indiquer que l'époufe étoit accompagnée par elle quand elle entroit dans la maifon de nôces : d'*Unxia*, à caufe de l'onction que faifoit la nouvelle mariée au jambage de la porte de fon mari, en entrant chez lui : de *Cinxia*, parce qu'elle aidoit à délier la ceinture que la nouvelle époufe portoit. Les Calendes de chaque mois étoient confacrées à Junon; on la nomma donc *Calendaris*, & *Februata*, parce qu'elle recevoit des hommages particuliers au premier jour de Février. Les Antiquaires connoiffent le nom de *Matuta*, fous lequel elle avoit un temple à Rome, & celui de *Confervatrice* que porte une médaille de Salonine. On voit quelquefois Junon avec tous les attributs Monétaires, ce qui la fit appeller *Moneta*. Cicéron cependant donne à ce furnom une autre éthymologie & le dérive de *Moneo* : il lui fut donné pour avoir averti le peuple de Rome avant que les Gaulois affiégeâffent la Ville. Bunéus, fils de Mercure, lui fit bâtir un temple à Corinthe, comme nous l'apprend Paufanias, & elle fut furnommée *Bunéa*. Lycophron lui donne le titre de *Tropæa*, parce qu'elle préfidoit aux triomphes, & Claudia Sabbatis dédia un monument à cette Déeffe fous celui de *Junoni Placidæ*. Nous ne finirions pas fi nous rappellions ici tous les autres noms que lui firent donner les lieux où plus fpécialement elle étoit honorée & les attributs qui lui étoient propres. Au furplus, de toutes les Divinités du Paganifme, il n'y en avoit point dont le culte fut plus folemnel & plus généralement répandu que celui de Junon : le refpect qu'on avoit pour cette Déeffe alloit même fi loin, que les femmes appelloient *Junons* les Divinités particulières qu'elles croyoient veiller fur elles, & qu'elles invoquoient, comme chaque homme invoquoit fon *Génie*.

La Statue de Junon que nous voyons au Muféum des Médicis & dont nous offrons une fidelle copie, eft fous les dehors que l'on donnoit à Junon

Reine ou à Junon *Lucine* : la patère qu'elle tient de la main droite & le sceptre qu'elle a dans la gauche nous portent à cette conjecture. Les Anciens mettoient ainsi des patères dans les mains de leurs Dieux pour désigner la bonté avec laquelle ils acceptoient les offrandes des hommes. La robe dont la Déesse est vêtue dans cette Statue, & qui par élégance est doublement retroussée au-dessus de la ceinture, ainsi que la chlamyde qui retombe par derrière les épaules, sont traitées avec tant de soin, & leurs plis sont disposés si naturellement, que l'on peut mettre au premier rang l'Artiste habile à qui nous devons ce bel ouvrage.

PLANCHES III & IV.

LÉDA.

Est-ce Némésis, est ce Léda qui nous offrent ces deux Statues de marbre qui ornent le Muséum des Médicis ? Les Mythologues ne peuvent dissiper notre incertitude, & leurs écrits, même, ne sçauroient que l'augmenter. Pour éviter à Jupiter la peine & la honte d'une double métamorphose, les confondre seroit bien plus simple ; mais un grouppe de Phidias, dans lequel cet habile Sculpteur a représenté Léda, conduisant Hélène à Némésis, ne nous permet pas de le faire. Laissons donc Hygin raconter de deux manières les amours de Jupiter-Cygne. Que les Poëtes & les Peintres les embellissent à leur gré. Contentons-nous de dire, avec Isocrate, que deux fois le maître des Dieux a pris la forme d'un Cygne, l'une pour surprendre Némésis & l'autre pour posséder Léda. Le Cygne fortuné dont Jupiter emprunta les dehors fut mis au rang des Astres. Myrthon, célèbre Graveur en Pierres, a rendu supérieurement cette apothéose astronomique sur la Pierre que Philippe Stosch a publiée (1), & Manilius l'a décrite avec élégance. Mais qui pourra percer le voile épais de cette Fable & découvrir le trait historique qu'elle n'embellit que pour le défigurer ? Les Sçavans ont varié dans leurs conjectures. Les uns ont cru qu'elle n'avoit d'autre fondement que la beauté, la blancheur & la longueur du cou d'Hélène, que dès-lors on a voulu faire naître d'un Cygne-Dieu. Quelques-uns ont pris la figure de l'endroit où l'amant de

---

(1) D'autres Mythologues prétendent que le Cygne n'obtint place parmi les étoiles, qu'en qualité d'oiseau consacré à Apollon.,... *Voyez* Tom. III, Antiquités d'Herculanum, de David, pag. 31.

Léda pouvoit s'être introduit, pour origine de la fiction de l'œuf d'où fortirent les Dioscures (1), d'autres enfin prétendent qu'Hélène avoit eu quelqu'affaire galante sur les bords de l'Eurotas, où se rencontroient beaucoup de Cygnes, & que l'on publia, pour fauver son honneur, que Jupiter, amoureux d'elle, avoit pris la forme d'un Cygne pour la séduire & la tromper. Eh! cette ingénieuse tournure ne seroit-elle pas l'expression de la vérité? Quoiqu'il en soit, c'est donc ou Némésis ou Léda dont les Auteurs de nos deux Statues ont voulu rendre l'image. La première, N°. III, est l'ouvrage d'un Artiste qui nous est inconnu; mais dont on ne sçauroit trop célébrer le talent. Non content d'avoir bien rendu les belles formes de la Nature, il a voulu que l'ornement répondit au nud, & de là ce cercle qui ceint le bras droit (2), & l'adroite disposition des plis du manteau. La seconde, N°. IV, n'est pas le fruit d'un si habile ciseau; mais elle offre encore des beautés. Toutes deux représentent la Déesse debout, & c'est la posture que les Sculpteurs ont le plus fréquemment choisie.

PLANCHE V.

GANYMÈDE.

En expliquant les Fables, chacun suit ses affections, & l'imagination, très-souvent, est dupe de son propre délire. Rien ne le prouve mieux que les diverses explications de celle de Ganymède. Le fils de Tros (3), Roi des Troyens, enlevé par un Prince voisin (4), ou la mort de cet enfant chéri que l'on voile à son père, voilà le simple fond historique si agréablement embelli

---

(1) Ce lieu secret, suivant ceux qui adoptent ce système, étoit l'endroit le plus élevé du Palais, dont la forme ovale l'a fait nommer ῶον par les Lacédémoniens, ce qui donna lieu à la fiction de l'œuf.

(2) Dans la belle Peinture de Léda trouvée à la fouille de Gragnano en 1759, le haut du poignet de la Déesse est orné d'un cercle d'or. *Voyez* Peintures d'Herculanum, Tom. III, Plan. XII. pag. 29. édit. de David.

(3) Nous adoptons l'opinion d'Homère, *Iliad. XX.* v. 230. Hygin le fait tantôt fils d'Assaracus, (*Fab. CCXXIV*). tantôt d'Erichthonius, (*Fab. CCLXXI*). Tzetzès lui donne pour frère Laomédon, ce qui le feroit naître d'Ilus. (*Ad Licophron p.* 10), & Lucien lui assigne Dardanus pour père.

(4) Banier Tom. II. 4°. p. 15, dit que c'est Jupiter Tantale qui enleva Ganymède..... *Echemenes Cyprius* (*apud natal. comit.* p. 991), prétend que Ganymède fut enlevé par Minos.

par les Poëtes, que mille Sçavans, ensuite, ont interprêtés, chacun à sa maniére. Chasseur (1) & Berger, comme le devoient être tous les fils de Rois de cet âge, Ganymède, disent les premiers, étoit sur le Mont *Ida*, ou dans un lieu nommé *Harpageia*, ou bien au Promontoire de Dardanie : sur lui se précipite l'aigle, Ministre de Jupiter, ou Jupiter lui-même, sous la forme de son aigle, & cet oiseau, le pressant délicatement, pour ne point blesser sa proie, l'enlève avec ses serres jusqu'au plus haut des Cieux (2). Quel motif de cet enlèvement peut-on prêter au souverain des Dieux ? Que signifie cette Allégorie Poëtique ? Lisez ; mais ne vous flattez pas d'accorder les sentimens opposés des Interprêtes. Plusieurs Auteurs, Plaute, Euripide, Ovide, Martial ont écrit que Jupiter avoit enlevé Ganymède par un motif criminel (3) ; d'autres prétendent que ce fut seulement pour le substituer à Hébé en qualité d'Échanson : Apollonius de Rhodes, veut qu'il n'ait été placé dans les Cieux que pour jouir de la demeure des immortels, dont sa beauté le rendoit digne d'augmenter le nombre. Il est des Écrivains qui lui attribuent cette prérogative à cause de sa prudence & de la beauté de son ame. Cicéron, au premier Livre des Tusculanes, dit, qu'il ne voit rien que de mystérieux caché sous l'emblême de cet enlèvement ; mais combien de systêmes a fait naître l'envie d'expliquer ces mystères !

Nous nous contenterons de rapporter ce que pensent Noël le Comte & l'Abbé Bergier. Suivant le premier, la Fable de Ganymède ne signifie rien

---

(1) Lucien, (*Dial. IV.* 2. *Deor. Dear. dial. XX.* N°. 6) le fait Berger, Virgile nous le peint Chasseur *Æneïd. V.* v. 252.

(2) *Val. Flaccus* (*Argon. Lib. II.* v. 414). Stace. (*Thebaid. Lib. I.* v. 548). Virgile. (*Loco citat. supr.*) le font enlever sur le Mont Ida, & Strabon place l'enlèvement à Harpageia, (*Lib. XIII.* pag. 587).

(3) Saint Augustin, *De civit. Dei Lib. VII. Ch. XXVI.* Lactance *Divin. Institut Lib. I.* donnent ce même motif criminel à l'enlèvement de Ganymède. *Ce n'est pas à ces Écrivains qu'il faut s'adresser quand il s'agit d'éclaircir les Fables ou des faits de l'Antiquité* disent les Auteurs de la description des Pierres gravées d'Orléans : cependant ces Pères peuvent être consultés comme témoins des traditions de leurs tems, & comme ils ne font que répéter ce que Plaute, Euripide, Ovide & Martial ont dit, nous ne voyons pas pourquoi les deux sçavans Ecclésiastiques repoussent si durement l'autorité de ces deux célèbres Écrivains. Ils n'affirment pas que Ganymède a été enlevé par Jupiter, pour une jouissance honteuse : ils ne croyoient pas plus que les deux Académiciens à la vérité de l'enlèvement ; mais, en parlant des Dieux honteux du Paganisme, ils attribuent à Jupiter l'enlèvement lascif de Ganymède, comme plusieurs Auteurs payens le faisoient. Leur témoignage n'est pas une explication arbitraire ; mais une preuve de l'opinion reçue alors, & mérite bien qu'on s'y arrête.

autre chofe, finon, que l'homme prudent & fage fe rapproche davantage de la nature Divine. Ganymède, fuivant le même Auteur, eft l'image de l'ame qui n'eft belle qu'autant qu'elle ne contracte ni vices ni fouillures, & que Dieu, lorfqu'elle pofsède cette beauté pure, attire à lui. La fageffe femble nous identifier avec la Divinité. Verfer à boire aux Dieux, c'eft leur procurer cette douce volupté que caufe la bonne odeur des vertus. Toujours le Ciel a foif de nos bonnes actions, & la vie pure & fans tache eft la boiffon la plus agréable que l'homme lui puiffe offrir pour étancher cette foif. La beauté de l'ame n'eft pas la feule raifon qui ait fait donner à Ganymède la réputation du plus beau des hommes : fa fageffe & fes vertus y contribuèrent plus encore, & l'on fçait combien, fi la fageffe étoit auffi vifible que nos corps, elle feroit naître d'amour & captiveroit de cœurs.

Suivant l'Abbé Bergier, « cette Fable eft hiftorique, elle fignifie que dans » les premiers tems, lorfque les hommes ne fçavoient point encore faire » de liqueurs artificielles, ils ne buvoient que de l'eau : c'étoit alors Hébé » qui leur fervoit d'Échanfon. Dans la fuite ayant trouvé le fecret de faire » des boiffons capables d'enyvrer, ils les préférèrent à l'eau. Γανυμήδης vient » de Γανος, la joie, le plaifir, & de Μηδης, liqueur, dérivé de Μαδαω : il fignifie » liqueur ou boiffon qui donne la joie : ainfi Ganymède fut préféré à » Hébé, & l'on attribua aux Dieux, dans la fuite, ce qu'avoient fait les » premiers hommes ».

Venons maintenant à la Statue qui nous repréfente ce jeune Échanfon des Dieux. *Benevenutto Cellini*, homme autant brave que plein de talens, à la défenfe du quel *Clément VII* avoit confié le fameux Château Saint-Ange affiégé par le Connétable *de Bourbon*, l'a reftaurée prefqu'en entier dans le feizième fiècle. C'eft à lui que nous devons l'aigle que l'on voit aux pieds de Ganymède. Il répara auffi la bafe, & dans tout cet ouvrage, qui le difpute à la Nature, ce grand Sculpteur ne fit qu'une faute, qui fut de mettre dans la main gauche de notre figure, (la droite de l'original), un jeune oifeau que l'on peut prendre pour le petit de l'aigle, au lieu du vafe qui auroit du défigner les fonctions du Dieu. Il faut cependant l'avouer, cette faute n'empêche pas de voir avec volupté cette belle Statue dont n'auroient point rougi les célèbres Sculpteurs Ariftoclès & Léocharès, qui, tous deux, l'honneur des Arts, ont fait éclore fous leur cifeau des Statues du même Ganymède.

PLANCHE VI.
MINERVE ERGANÈ,
ou *Minerve Ouvrière*.

Il ne faut jetter qu'un coup-d'œil sur cette belle Statue de marbre pour reconnoître que l'intention de l'Artiste a été de repréfenter Minerve, Déeffe des Arts. Plus on examine enfuite toutes les parties de ce fuperbe ouvrage, plus on voit que fon intention eft remplie, &, même, avec un tel fuccès que l'on ne peut fe laffer d'admirer dans cette production de fon cifeau les graces de celui des Grecs fameux qu'il a pris pour maîtres. Quelle douceur dans les traits de fon vifage ! Comme une aimable gaité tempère agréablement cette mâle gravité qui le décore ! Le cafque ajoute encore à la nobleffe de la tête, qui furmonte un cou gras & arrondi. Quelle dignité dans fes cheveux, qui, flottant fans artifice fur fes épaules, femblent les inonder des flots de leurs boucles naturelles ! Sa poitrine eft recouverte de l'égide écaillée fur laquelle eft placée une tête de Gorgonne, comme un précieux Talifman. La robe de cette Déeffe, toujours Vierge, retombe jufqu'à fes pieds, & fa tunique, taillée comme celles des jeunes filles occupées à des travaux qui demandent l'aifance des mouvemens, forme des plis gracieux. L'un de ces plis, au-deffous du fein, du côté gauche, vers la hanche, femble faire une efpèce de poche : & ce n'eft pas fans motif que l'attentif & intelligent Sculpteur lui a donné cette forme. Il vouloit indiquer que, dans une poche femblable, Minerve avoit coutume de mettre les pierres qu'elle lançoit contre les Titans, & celle dont elle frappa Hercule au moment où il alloit tuer Amphytrion. Peut-être, auffi, ne voulut-il que figurer l'endroit où fe pofoit la navette qui lui étoit confacrée comme à l'inventrice de l'Art des Tifferands, & dans lequel les femmes, à la fin de leurs travaux, venoient dépofer cette offrande : & delà viendroit alors le foin qu'il auroit eu de placer dans fa main gauche, fi élégamment reployée, cet inftrument caractériftique. Sa main droite étendue tient un fceptre, figne de fa puiffance. Enfin, on ne peut trop admirer la grace & l'élégance que donnent à tout l'ouvrage les bras que l'Artifte a confervés nuds & qui font d'une grandebeauté.

La navette & la tunique fuffifoient, fans doute, pour faire reconnoître dans notre Statue la Minerve *Ouvrière* ou *Inventrice*, que les Anciens défignèrent fous le nom d'*Erganè*. Rien de plus impénétrable, au jugement de tous les

Sçavans, que l'énigme de la naissance de Minerve, & rien conséquemment de plus naturel que le desir d'en connoître la solution. Réunissons donc premièrement les traits principaux de la Fable : nous offrirons ensuite quelques-unes des interprétations ingénieuses que lui donnent les hommes les plus habiles, & que nous ferons devancer par celle du profond M. Bergier, que les Lettres se glorifient autant d'avoir pour ami, que la Religion le chérit comme son défenseur. Nous commencerons par cette explication, parce qu'elle se rapproche davantage du titre que nous assignons à notre Statue.

La pluralité des Minerves, constatée par un passage de Cicéron, est l'origine de la diversité des Pères que les Théologiens du Paganisme ont donnés à Minerve. Les uns la font naître de Neptune & du lac Triton : les autres la donnent pour fille à Vulcain : il en est qui prétendent qu'elle est fille du Ciel : Saturne, chez quelques-uns, est son père ; chez d'autres, c'est Cranaus, c'est Pallas & Titanyde fille de l'Océan qui ont cet honneur : suivant l'opinion la plus commune, c'est Jupiter que l'on doit regarder comme l'Auteur de ses jours ; encore raconte-t-on diversement la manière dont il fut son père. Jupiter, dit-on, épousa *Métis*, qui étoit la plus vertueuse fille du monde ; mais lorsqu'elle fut sur le point d'accoucher, ayant appris du Ciel qu'elle alloit mettre au monde une fille d'une sagesse consommée & un fils à qui les destinées réservoient l'empire de la terre, il la dévora, & quelque tems après, se sentant une grande douleur de tête, il eut recours à Vulcain, qui, d'un coup de hache, lui fendit le cerveau, d'où Minerve sortit toute armée, & d'un âge assez avancé pour pouvoir secourir son père dans la guerre contre les Géans. Il y a des Auteurs qui veulent que Minerve soit fille de Jupiter & de Coryphé, fille de l'Océan, que les Arcadiens nommoient Corie. Jupiter, suivant d'autres Écrivains, étoit déja marié avec Junon, & la seule stérilité de son épouse lui fit prendre le parti de devenir père par d'autres voies. Minerve a les yeux bleus ou *pers* ; son égide est d'une peau de chèvre sur laquelle se voit une tête de Gorgonne : celle de Méduse est sur son bouclier. Le casque qui orne sa tête est quelquefois surmonté d'un dragon, ou d'un coq ou d'une queue de cheval. Cette Déesse concourut avec Vénus & Junon pour le prix de la beauté. Le coq & la chouette lui étoient consacrés ainsi que l'olivier, que, suivant la Fable, elle fit, d'un coup de lance, sortir de la terre au moment où, disputant avec Neptune, à qui donneroit son nom à Athènes, celui-ci d'un coup de trident avoit produit un cheval, qui parut moins utile que l'arbre de Minerve aux douze grands Dieux choisis pour arbitres de ce différent. Toujours Vierge, toujours pure, elle ne se dépouilla point aux yeux du Berger Pâris. Elle sçut résister aux violences de Vulcain : &, ne voulant pas qu'un mortel pût se glorifier de l'avoir vue sans voile, elle rendit aveugle Tirésias qui l'avoit apperçue dans son bain. On attribue à Minerve l'invention des Arts, de l'Architecture civile & navale. L'usage de la quenouille lui est dû. Les ouvrages à l'aiguille sont pour la première fois sortis de ses mains, qui ont aussi les premières tissu la laine, le fil & fait des tapisseries.

M. Bergier, dont nous avons dit que nous citerions en premier le systême sur cette Fable, regarde Minerve comme un personnage allégorique, & n'explique conséquemment son histoire fabuleuse que dans un sens figuré. D'abord, il veut que son nom qui est Ἀθήνη chez les Grecs, Ὄγγα ou Ὄγκα chez les Thébains, *Neith* chez les Égyptiens, & *Minerva* chez les Latins, ayent tous une même énergie & soient analogues aux fonctions de cette femme divinisée. La culture des Arts exige une application & une espèce d'attache à ce que l'on fait ; dès-lors il n'est point surprenant que le nom de Minerve ait pour racine celle des mots qui signifient *lien, lier*, &c. or cette racine se trouve dans les noms donnés à Minerve : Ἀθήνη qui est le même qu'Ἰθάνα, dans Hésichius, *Atouna* en Chaldéen, qui signifient lien, & τείνω, serrer. Θείνειν dans Hésichius, veut dire être occupé. Il fait par contraction Θηνεῖν qui est la racine d'Ἀθήνη. Ὄγγα, Ὄγκα n'est point différent de l'Hébreu *Hagag*, du Grec Ἄγω & du Latin *Ago*, qui tous signifient agir, être occupé, penser, méditer... *Neith* est le même que Νητός, filé ou assemblé... *Minerva* est formé de deux racines synonymes qui ont le même sens. La Déesse qui préside tout à la fois aux Sciences, aux Arts & sur-tout à la Tisséranderie, a donc naturellement ces noms. C'est par cette même raison, sans doute, que ces fameuses Ouvrières en toile, punies pour avoir méprisé les fêtes de Bacchus, furent appellées les Mineïdes ou filles de Minée. Les Villes sont comme un lien qui retient les habitans ; Athènes peut donc comme Ἀθάνα de Laconie, Ἐυθῆναι de Carie, *Atina* d'Italie, *Athenæ Diades* de l'Isle d'Eubée, tirer son nom d'Ἀθήνη : & ce ne fut dès-lors que la vanité qui fit dire aux Athéniens, que Minerve, leur Déesse titulaire, avoit donné le sien à leur Ville. Trois raisons, suivant le même Auteur, ont fait consacrer l'olivier à Minerve : la liqueur qu'il produit est grasse & tenace : ἐλαία, ἔλαιον, *oliva, oleum* sont analogues au Verbe Ἀλέω, lier, assembler, qui a la même signification que la racine du nom de cette Divinité. C'est par une suite de la culture & de l'industrie que vient l'olivier & qu'on exprime le jus de fon fruit ; la Déeffe des Arts & de l'induftrie fut donc cenfée l'avoir fait fortir de la terre, & dès-lors il lui fut confacré ; enfin l'huile fert aux lampes que les Ouvriers laborieux employent la nuit : ce qui peut être l'origine de la confécration de l'olivier à la Déeffe *Ouvrière*. Ce dernier raifonnement étaye d'autres conjectures du Sçavant que nous fuivons. Le chant du coq éveille les Ouvriers avant qu'il foit jour, il les appelle à leurs travaux ; le coq fut donc confacré à Minerve, & fon cafque fut décoré de l'image de cet animal vigilant. La chouette voit la nuit, les grands Travailleurs font fervir la nuit comme le jour à leurs occupations; leur Divinité eut donc comme attribut diftinctif & comme oifeau confacré la chouette, dont le nom même fervit à la caractérifer, puifqu'on la furnomma Γλαυκῶπις, *yeux de chouette*, & comme le mot Γλαυκῶπις fignifie auffi des yeux *pers*, Minerve fut appellée la Déeffe aux yeux *pers* ou bleus. Le talent de pénétrer dans les chofes les plus obfcures que poffédoit la Déeffe des Sciences & des Arts, a pu contribuer plus encore à cette fine allufion. Quant à l'égide qui couvre la poitrine de Minerve, fon origine eft bien fimple, fuivant le même Auteur, au rapport d'Hérodote, *Liv. IV, p. 278*, les femmes de Lybie portoient par-deffus leurs habits une peau de chèvre fans poil, peinte en rouge & bordée de franges ou de cordelettes qui reffembloient à des ferpens. Comme on fuppofe que Minerve étoit née en Lybie fur les bords du lac Triton, l'on crut qu'il falloit l'habiller comme les femmes de ce pays-là. Cette peinture rouge ornée de franges fut prife pour la tête de Médufe coëffée de couleuvres, & l'on repréfenta fouvent Minerve avec cette tête fur fa cuiraffe. Enfin, M. Bergier nous explique comment on a pu feindre que la Déeffe de l'induftrie fut fortie du cerveau de Jupiter, puifque l'efprit & l'induftrie réfident fpécialement dans la tête & ne fe manifeftent qu'en en fortant, pour ainfi dire. Cette idée poétique ayant fait donner à Minerve le nom de Τριτογένεια, le même Sçavant explique facilement par les étymologies, pourquoi l'on a fait Minerve fille de *Coryphée* ou Κορυφή, qui ne fignifie autre chofe que le fommet de la tête ; ou fille du lac Triton, parce que Τριτώ chez les Athamanes, les Crétois, & dans le dialecte Eolien, vouloit dire la tête, ou enfin fille de Cranaüs, dont la fignification eft la même. Jufqu'ici nous n'avons fuivi que l'explication du docte M. Bergier : combien d'autres interprétations s'offrent maintenant à nos yeux ! Il eft des Auteurs qui croyent reconnoître dans l'hiftoire de Minerve des traces frappantes du premier des Myftères de la Religion Chrétienne, qu'ils penfent avoir été connu des Payens à l'aide des Livres de Moyse, dont les Égyptiens & les autres Peuples voisins avoient porté la connoissance dans la Grèce. Leur imagination, pieusement échauffée, crut entrevoir des traits lumineux, dont l'ensemble fixé reproduisoit la génération du Verbe égal au Père qui l'engendroit, ce Λογος, cette parole qui avoit créé toutes choses, & par laquelle l'Être souverain avoit tout produit. Le P. Tournemine, dont tel est le systême, va plus loin encore : il est persuadé que le serpent, dont les Vierges, qui servoient Minerve, portoient l'image dans leurs Processions, ne pouvoit rappeler que celui par lequel Eve fut séduite ; mais sans mêler le Prophane au Sacré, sans vouloir retrouver des vérités éternelles dans des histoires imaginaires, ne pourroit-on pas admettre la manière de voir de Noël-le-Comte qui ne croit reconnoître dans toute la fable de Minerve qu'une allégorie de la Sagesse ? La Sagesse alors, qui est une production divine & le vrai présent des Cieux, seroit censée naître du cerveau de Jupiter, & comme elle est ordinairemement le fruit de l'expérience & des peines, ce n'est qu'à l'aide de la hache de Vulcain qu'elle peut voir le jour : elle sort toute armée du cerveau fécond de la Divinité, parce que jamais une ame sage n'est prise au dépourvu par les évènemens de la vie, & qu'elle seule nous donne la force & la patience qui nous les font vaincre. Cette Divinité est née sans mère ; rarement la Sagesse est la vertu des femmes. Minerve n'est supposée garder une éternelle virginité que parce que la Sagesse est la mère de la tempérance & de la force, parce que les plaisirs des sens sont les ennemis de la Sagesse, & que la volupté des corps affoiblit les puissances de l'ame : & les Géans que la Déesse a combattus ne sont que les passions que cette vertu sçait vaincre. L'égide ornée d'une tête garnie de serpens annonce la Prudence, dont le serpent est le symbole, & qui est la cuirasse la plus impénétrable aux traits de la fortune & un abri contre l'adversité. Cette égide rendoit Minerve formidable ; rien n'est, en effet, plus terrible aux yeux du scélérat que la vue du Sage. L'usage de l'huile est nécessaire à ceux, qui veillent pour acquérir la Sagesse, & Minerve est dite avoir fait naître l'olivier. Si Tirésias perd la vue pour avoir apperçu Minerve sans voile : si le don de Prophétie est le dédommagement de sa cécité, n'est-ce pas pour indiquer que, dès que l'on a pu voir la Sagesse, l'on devient aveugle pour tous les objets frivoles, & qu'en nous faisant prévoir tout ce qui peut arriver, & nous mettant en garde contre les évènemens, elle nous dédommage des sacrifices qu'elle nous fait faire & des privations sensuelles qu'elle nous cause ?

Dans

Dans la fable de Minerve, les Physiciens ont aussi trouvé les emblêmes des opérations de la Nature. Minerve, suivant eux, est le Soleil. La sinuosité de son cours dans tous les signes du Zodiaque a fait imaginer les serpens qui lui sont donnés pour chevelure : cette tête de Gorgone, qu'on ne peut fixer sur la poitrine de la Déesse, est la lumière du Soleil que l'œil humain ne peut pas soutenir. La partie supérieure de l'air est désignée par le cerveau du souverain des Dieux d'où Minerve sort tout armée. Mais ne nous arrêtons pas plus long-tems à des interprétations que chacun peut faire à son gré, & passons à l'examen d'une autre Statue de la même Divinité que l'on trouve encore dans le Museum des Médicis, & qui fait les délices des Connoisseurs.

PLANCHE VII.

MINERVE *CALLIMORPHOS*.

STATUE DE BRONZE.

Pline nous apprend, que Phidias, le plus excellent des Sculpteurs de la Grèce, auquel Athènes devoit ses plus belles Statues, avoit fait une Minerve d'une si grande beauté, que la correction de ses contours & l'ensemble de ses graces l'avoit fait surnommer *Callimorphos*, ou la Minerve *aux belles formes*. Plus nous considérons ce bronze superbe, quoiqu'endommagé par le bas, que conserve le Museum des Médicis, & qui représente une Minerve de grandeur naturelle, moins nous pouvons douter que l'Artiste habile qui a fondu cet ouvrage ait pris la Statue même de Phidias pour modèle. M. *Winkelmann en trouve la tête belle & bien conservée.* Eh! quelles beautés cette tête n'a-t-elle pas? Tous les traits du visage concourent à le rendre gracieux : le casque loin d'inspirer la terreur, semble attirer l'admiration. L'Artiste ingénieux a sçu n'en pas recouvrir le front : il ne vouloit pas qu'il le cachât, ou que son ombre altérât la sérénité que lui avoit donnée son docte ciseau. Avec quelle grace les serpens qui bordent l'égide sont-ils disposés ! Rien de plus élégamment arrangé que ses vêtemens. Le bras gauche, comme celui de Jupiter paisible, dont nous avons parlé Planche I, est enveloppé, & le droit que l'on a suppléé semble destiné à tenir, non pas une lance, quoiqu'attribut assez ordinaire de Minerve; mais une pomme, par allusion à celle qu'elle tenoit dans une Statue dont l'Anthologie fait mention, ou à ce beau fruit du jardin des Hespérides, dont Hercule lui avoit fait don.

PLANCHES VIII & IX.

APOLLON, CÆLISPEX.

La Statue, que nous avons sous les yeux, avoit été placée dans les jardins des Médicis à Florence, d'où elle a été transférée au Museum, avec d'autres Statues superbes qui, plus long-tems exposées aux injures de l'air, en auroient été la proie, ainsi que la belle Statue de Minerve Guerrière, dont on ne connoît plus que quelques débris, & qui, non-seulement, étoit admirable par elle-même, mais encore par ses accessoires, entre lesquels on remarquoit le bouclier que portoit le bras gauche, & sur lequel étoit exécuté en relief le combat des Lapithes. C'est aux soins & au zèle pour les Arts de *Sébastien Blanchi*, & de *Jean-Baptiste Foggini* habile Sculpteur & Architecte Florentin, que l'on doit ce transport. Ah! si jamais un luxe immodéré n'eut fait placer dans des jardins les rares productions des Grecs & des Romains, nous n'aurions pas à gémir sur la perte de tant de chef-d'œuvres : les Cabinets des Princes posséderoient de plus nombreuses richesses en ce genre : & l'Histoire de l'Antiquité ne se trouveroit pas privée d'une partie de ses plus précieux monumens.

Dans l'énumération soigneuse que *Publius Victor* a faite de tous les beaux ouvrages qui embellissoient Rome, cet Auteur fait mention d'une Statue d'Apollon *Cœlispicis* ou *Regarde-Ciel*, qui se trouvoit dans le onzième quartier de cette Ville : & Bernard *Oricellari*, Patricien de Florence, indique l'origine de ce surnom dans le Commentaire Latin, dont il a enrichi ce même Écrivain, Commentaire que l'on a cru long-tems perdu ; mais qu'a retrouvé (1) l'illustre Abbé *Gabriel Riccardi*, aussi célèbre par son érudition que par sa naissance. Suivant ce sçavant Commentateur, la position que le Sculpteur a donnée à la tête d'Apollon a été la seule cause de ce nom, comme beaucoup d'autres Statues ont été désignées par les noms ou de leurs Auteurs,

---

(1) Le célèbre *Gori* annonçoit en 1731, (*Musei Florentin. Statuæ antiq. Tabul. VIII & IX. p.* 10) une édition de ce Commentaire d'*Oricellari* & du texte de *Publius Victor* revu & corrigé d'après beaucoup de Manuscrits : on devoit y trouver jointes les notes du sçavant Éditeur : nous ignorons si cet ouvrage a paru.

ou de ceux qui les ont fait élever, ou des lieux qu'elles décoroient : ce qui étoit d'autant plus nécessaire alors, que leur multitude eut pu les faire confondre, dans un pays où, pour nous servir de l'expression même d'*Oricellari*, leur grand nombre donnoit l'idée *d'un second peuple de bronze, de marbre & d'yvoire*.

En voyant l'élégance exquise & la beauté de notre Apollon, on aime à croire que c'est la Statue même dont parle *Publius Victor* : & l'on ne se permet pas de douter que c'en soit au moins une copie parfaite. L'accord de toutes les parties de son corps plein de *dignité*, plein de *vénusté*, forme une harmonie sublime. On voit rassemblées & la force d'un sexe & les graces de l'autre. Avec quelle molle facilité la tête se tourne vers les Cieux ! Comme ces longs cheveux flottent agréablement sur les épaules ! Quel art ! quel travail admirable dans les bras, dont l'un est si naturellement élevé, & l'autre, appuyé sur un tronc d'arbre, tient si noblement une torche allumée ! Quelques personnes ont cru que cette Statue représentoit Prométhée plutôt qu'Apollon. La position du doigt montrant les Cieux, & le flambeau brûlant les ont séduites : elles s'imaginoient que le Sculpteur avoit voulu faire le fils de Japet &, pour le désigner, l'avoit armé du feu qu'il avoit pris au Ciel que sa main indiquoit. L'inspection des cheveux noués sur le front (1), & le souvenir des fonctions du Dieu du jour (2), qu'annonçoit la torche ardente, eussent dû suffire pour dissiper leur erreur.

Apollon a-t-il existé ? L'histoire de ce Dieu n'est-elle qu'une allégorie ? Nous ne sommes pas assez hardis pour affirmativement le décider. Cicéron distingue quatre Apollons qu'il donne pour des personnages réels. Lactance (3) qui, suivant l'Abbé Banier, *connoissoit parfaitement* (4) *les Antiquités de la*

---

(1) Dans les anciens monumens, & sur-tout dans une Statue que l'on voit à Rome aux jardins des Médicis, les Artistes ont ainsi disposé les cheveux *qui semblent*, dit M. Winkelmann, *attachés négligemment sur le sommet de la tête par la main des Grâces*.

(2) Dans une des Pierres gravées du Muséum des Médicis, on voit Apollon monté sur un char, tenant une torche pour éclairer l'Univers.

(3) *Apparet Herculem, Apollinem, Liberum, Mercurium, jovem que ipsum cum cæteris homines fuisse : quoniam sunt ex duobus sexibus nati, &c.* Lact. *de falsâ religione* C. *VIII.* Lib. *I.* Quant aux parens & aux crimes d'Apollon, &c. *voyez* le même Lactance C. X.

(4) L'Abbé Banier. La Mythologie & les Fables expliquées par l'histoire. Tom. *II.* Liv. *I*, C. *XV.* p. 219.

Grèce, prouve aux Payens que leur Apollon n'étoit qu'un homme dont on nommoit les parens, & dont les crimes, malgré mille bonnes qualités, n'étoient que trop connus. *Voffius*, & mille autres Sçavans après lui, ne regardent ce Dieu que comme un perfonnage métaphorique. Pour nous, fans nier l'exiftence d'un ou de plufieurs Apollons, nous allons faire un abrégé de ce que les Poëtes, vrais Théologiens du Paganifme, ont raconté fur ce Dieu, & nous en rapprocherons enfuite quelques-unes des plus heureufes interprétations.

Apollon paffoit le plus généralement pour être fils de Jupiter & de Latone, & frère de Diane. Phœbus étoit le nom qu'on lui donnoit dans le Ciel, où il conduifoit le char du Soleil traîné par quatre chevaux. On le regardoit comme le Dieu de la Poéfie, de la Mufique & des Arts : les neuf Mufes l'avoient pour Chef, &, le Parnaffe, l'Hélicon, le Piérus, les bords d'Hyppocrène & du Permeffe faifoient leur habitation commune. Chaffé du Ciel pour avoir tué les Cyclopes qui avoient fourni à Jupiter les foudres dont il avoit frappé Efculape, Apollon fe retira chez Admète dont il garda les troupeaux que pilla Mercure contre lequel il ne put lancer fes flèches, parce que le même voleur les lui avoit dérobées. Ce Dieu fit périr par fes traits l'armée des Grecs devant Troye. Toute la famille de Niobé reffentit les effets de la colère de Latone par la vengeance que tira d'elle Apollon fecondé par Diane fa fœur. Il tua le ferpent Python. Il vainquit Marfyas & l'écorcha : & fit beaucoup d'autres exploits. De tous côtés s'élevoient des Temples à fon honneur : fes Oracles étoient célèbres, &, des lieux où ils fe rendoient, on fit des furnoms à ce Dieu. Apollon ne fut pas heureux dans fes liaifons & fes amours : il fut obligé de fe changer en Berger pour féduire Iffé fille de Macarée : il tua Hyacynthe en jouant au Difque avec lui : Daphné ne voulut jamais fe rendre à fes vœux, &, fourde à fa voix, elle fut métamorphofée en laurier. Le loup, le coq & l'épervier, parmi les animaux, lui étoient confacrés.

Pour fuivre l'ordre tout naturel irons-nous d'abord, comme l'Abbé Banier, chercher dans l'hiftoire l'explication de la fable d'Apollon ? Mais nos plus récents interprètes de la Mythologie femblent nous le défendre, ils traitent de rêves les explications de ce docte Abbé : l'envie feule de rapprocher l'Hiftoire de la Fable eft à leurs yeux une *abfurdité*. Le defir de tout allégorifer feroit devenu général, & nous tiendrions encore au vieux tems ! Non. Laiffons le trop antique Académicien enter tous les Apollons fur l'Apollon d'Égypte fils d'Ofiris & d'Ifis, & nourriçon de Latone, au rapport d'Hérodote :

qu'il cite avec soin la manière particulière suivant laquelle le Chevalier Marsham classe notre Prince-Dieu dans ses Dynasties d'Égypte : qu'il fasse voir que la Théologie des Grecs sur ce Dieu est la copie de celle des Égyptiens : qu'il s'épuise à chercher de tous côtés des faits pour les préférer à des allégories : quoiqu'en bien des points il puisse avoir raison, nous nous rapprocherons des idées plus généralement reçues : il ne faut pas heurter de front les opinions communes, quand on cherche à ne pas déplaire. Avant de citer cependant les plus raisonnables allégories que l'on ait cru découvrir dans le tissu de la fable d'Apollon, comme on en voit dans toute la Mythologie, disons bonnement, quitte à passer pour un peu Gothiques, que le goût pour ce genre d'interprétations nous fera bientôt douter de l'existence de tous les Anciens, dont l'histoire nous fournira des difficultés, & qu'insensiblement père des systêmes les plus ingénieux, mais aussi incertains les uns que les autres, nous craignons bien qu'il ne nourrisse encore un scepticisme déjà trop universel (1).

Mais revenons à notre Apollon. Quelle allégorie cache donc la fable de ce Dieu ? Selon *Vossius*, jamais il n'y eut d'autre Apollon que le Soleil. On ne le dit fils de Jupiter que parce que l'on regardoit Jupiter comme le Créateur du Monde. Latone passoit pour sa mère, parce que le nom de Latone signifie *caché*, & qu'avant que le Soleil eut parut, tout étoit caché dans les ombres épaisses du chaos. Si pour lieu de sa naissance on lui assigne Délos, c'est que ce nom veut dire manifestation, & qu'à l'éclat de la lumière de cet Astre, tout l'Univers s'est manifesté. Apollon n'est représenté toujours jeune que parce que le Soleil ne vieillit

---

(1) « Je ne trouve rien de plus satisfaisant, dit l'Abbé *Lenglet* (*dans sa méthode pour étudier l'Histoire*, Chap. X.) que de pouvoir trouver l'accord de toutes les histoires ; » c'est par-là qu'on peut éviter le *Pyrrhonisme historique* trop ordinaire à ceux qui se » livrent à une érudition si variée, si curieuse, sans prendre sur eux le tems de faire les » réflexions nécessaires pour mûrir & digérer leurs Lectures ». M. l'Abbé *Guerin du Rocher*, ce vrai Sçavant, dont la modestie est aussi rare, que ses connoissances sont étendues ; a déjà fait partie de ces rapprochemens si intéressans. Que ne possédons-nous ceux qu'il annonce (*Hist. des tems fab.* Tom. I. pag. 93), sur les Mythologies ! Nous citerions avec bien du plaisir ses heureuses & vraisemblables interprétations des Fables : mais nous sommes malheureusement forcés à ne pouvoir que désirer la publication de ce travail, qui prouvera, sans doute, à tous nos Chercheurs d'Allégories, que les Fables sont plus près de l'Histoire qu'ils ne le pensent, & que ce n'est point une *absurdité*, comme le dit *Court de Gebelin*, de les y chercher.

point, & ne sçauroit s'affoiblir. Les rayons que lance de tous côtés cet Aftre étincellant, ont fait naître l'idée de son arc & de ses flèches, comme ils lui ont fait supposer une blonde chevelure. On ne lui donne point de barbe, parce qu'il est toujours orné de ses rayons qui sont les longues boucles de ses cheveux, & que c'étoit un usage ancien de les couper au moment où la barbe commençoit à ombrager le menton. Les plantes que la Médecine emploie, ne reçoivent toutes leurs vertus que de l'influence du Soleil : dès-lors on a fait Apollon Dieu de la Médecine, & par une suite naturelle on l'a donné pour père à Esculape qui ne fut censé tué par Jupiter, que parce que, Médecin habile & guérissant les autres, il n'avoit pu se guérir & se préserver de la mort. Le Soleil semble être l'œil de la Divinité : il éclaire tous les objets, il pénètre avec sa lumière ce qu'il y a de plus obscur, & conséquemment on a fait d'Apollon le Dieu de la divination & le père des plus fameux devins. S'il passe pour être le Dieu de la Musique, c'est que, suivant Orphée & Pythagore, en dirigeant le cours des sphères célestes, il est censé produire la plus douce harmonie & le plus beau concert. S'il préside aux Muses, c'est que le Soleil influant spécialement sur la nature de l'homme, semble produire les différens tempéramens qui nous portent aux différens genres que cultivent les Muses. Le laurier est consacré à Apollon, parce que cet arbre conserve toujours ses feuilles & représente ainsi la chevelure du Dieu. L'olivier ne croît pas dans les endroits où le Soleil ne fait point sentir sa chaleur, l'olivier passa donc pour être son arbre chéri. Le cygne, à cause de son chant, a du être l'*oiseau* sacré d'Apollon, comme Dieu de la Musique. La cigale, Prophétesse du Printems, comme l'appelle Anacréon, a dû être consacrée au Dieu de la Divination, ainsi que le corbeau que l'on regardoit, suivant son vol, comme le héraut de l'air, & l'augure du bon ou du mauvais tems. Quant au loup qui fut aussi consacré à Apollon, plusieurs motifs peuvent en avoir été causes : sa vûe perçante qui représente une des qualités des rayons Solaires ; son inimitié pour les troupeaux, qui dès-lors a du le faire immoler au Dieu des Bergers : ses courses matinales qui commencent au lever du Soleil ; enfin l'éthymologie de son nom λύκος qui vient de λύκη, lumière dont le Soleil est la source.

M. Bergier pour interpréter la fable d'Apollon, a recours aux différentes significations des mots Φοῖβος & Ἀπόλλων, & dans les équivoques de l'ancien Grec trouve une clef bien simple de l'étonnante histoire de ce Dieu. Φοῖβος peut signifier un enfant déjà grand, un jeune homme : Ἀπόλλων dérivé de πολλὸς, signifie grand, puissant : voilà pourquoi nous voyons toujours Apollon passer pour jeune, & représenté sous les dehors de la plus aimable jeunesse : voilà même la raison qui lui fait donner pour mère Latone, qui n'est autre chose que la fécondité.

Ἀπόλλων peut se rapporter à πάλλω, chasser, pousser, lancer : πολλὶ dans Hésychius est un Carquois : πολλοὶ signifie des Archers ; nous voyons donc Apollon, frère de Diane, paroître sous les traits d'un Chasseur qui passe pour le plus habile à tirer les flèches. « Il a encore rapport à la signification suivante : les » rayons du Soleil sont comme des traits de lumière & de chaleur qu'il darde de » toutes parts. L'armée des Grecs périt devant Troye, par les traits d'Apollon, » c'est-à-dire, par une contagion que la chaleur excessive du Soleil a cau- » sée ».

Φοῖβος peut se rendre par les mots *pur*, *clair*, épithètes qui conviennent parfaitement au Dieu de la lumière : & si l'on dérive Ἀπόλλων de πολέω tourner, on reconnoîtra l'une des qualités du Soleil qui est le même qu'Apollon.

L'application de Φοῖβος à la Divination a fait Apollon Dieu des Devins & de la Magie, « & comme la Poésie & la Musique passoient pour une espèce de Divi- » nation, les Poëtes & les Musiciens pour des hommes inspirés, on n'a pas » manqué d'associer Apollon aux Muses & de le faire présider à leurs con- » certs ».

De πολεύειν qui signifie *guérir*, rendre la santé, M. Bergier fait dériver encore le nom d'Apollon & le titre de Dieu de la Médecine.

De πολεῖν dont le sens est *paître*, *nourrir*, Apollon dérivé devient Berger; s'il conduit les troupeaux d'Admète, cela ne signifie rien autre chose, dit le même Sçavant, « sinon que le Soleil banni du Ciel pendant l'hyver par les » nuages & par les pluies, laisse glacer les eaux & les retient ainsi comme » enchaînées ».

Nous pourrions nous arrêter ici plus long-tems : &, grace aux Écrivains que nous consultons, indiquer quelques interprétations des différens traits de l'histoire fabuleuse d'Apollon dont nous n'avons point encore parlé ; mais nous trouverons, en expliquant les Statues suivantes, l'occasion de réunir, sans fatiguer, les principales opinions des Sçavans sur ces objets.

PLANCHE X.

APOLLON, INVICTUS.

Les anciennes Médailles & les Sculptures antiques nous repréſentent ſouvent Apollon nud, debout, le bras gauche appuyé ou ſur une lyre poſée ſur un autel, ou ſur une petite colonne, ou même ſur le tronc d'un arbre & ſoutenant de la main droite un arc qui touche à terre. Nous croirions volontiers que la Statue que nous examinons devroit avoir cette dernière poſition. C'eſt donc par erreur que le Sculpteur qui l'a réparée, lui a donné une lyre (1) au lieu d'un arc qui auroit dû être ſoutenu par la main droite & qui auroit indiqué ou la défaite du ſerpent Python, après la chaſſe victorieuſe duquel Apollon ſe repoſeroit, ou la vengeance qu'avoit tirée ce Dieu de Niobé & de ſes enfans à la prière de ſa mère Latone. C'eſt pour cette raiſon même que nous lui avons donné le ſurnom d'*Invictus*, titre que nous trouvons ſur une Médaille de l'Empereur C. Valérius Licinius, & dans l'inſcription d'un ancien autel que cite *Grutter* (2), & qu'il nous apprend avoir été conſacré à Apollon. Il eſt des Auteurs qui prétendent qu'après la défaite du ſerpent Python, Apollon couronné de laurier qu'il avoit pris à Tempé, riante plaine de Theſſalie, une branche de ce même arbre à la main droite, étoit revenu

---

(1) On ſera peut-être ſurpris de cette deſcription en conſidérant la Gravure qui y répond, & en ne voyant point de lyre dans la main du Dieu : nous l'avons été nous-mêmes; mais nous avons cru devoir ſuivre *Gori*, qui avoit la Statue ſous les yeux, & dont voici le texte.

Statuarius recentior geſtum dexteræ manus, quæ ita conformata eſt ut arcum tenuiſſe videatur, non conſiderans, inſiſtentem fecit lyræ ſuperpoſitæ aræ, &c. Gori, Plan. X, Statuæ antiq. Muſæi Flor. p. 12.

(2) Voici cette Inſcription telle que la cite Grutter pag. XXXVIII. 5.

APOLLINI. INVICTO
SACRVM
M. AVRELIVS M. AVG.
LIB. APOLLONIVS
AGONISTARCHA. COM
MODIANVS.

A

à Delphes & y avoit établi son Oracle: & c'est vraisemblablement par allusion à ce fait que l'habile Sculpteur qui a taillé cette Statue en a couronné la tête d'une branche de ce même laurier. Ce ne seroit pas la première fois qu'un Artiste auroit été dupe d'une erreur. Suivant Ovide, le laurier n'existoit pas encore, & Apollon se couronnoit indifféremment des branches de toutes sortes d'arbres.

La défaite du serpent Python dont nous venons de parler est rapportée par Ovide au premier Livre des Métamorphoses. Les eaux du Déluge, suivant cet agréable Poëte, laissèrent sur la terre qu'elles avoient inondée, un limon impur qui engendra des monstres. Le serpent Python fut le plus fameux, & causa les plus grands ravages aux environs du Parnasse. Armé de ses flèches, qui, jusqu'alors n'avoient frappé que des daims & des chevreuils, Apollon l'attaqua, & bientôt sous les coups des traits puissants du Dieu, qui épuisa presque son carquois, le monstre expira se roulant dans un sang noir & venimeux qui sortoit de ses larges blessures, &, pour que l'oubli ne couvrit pas de ses voiles cette glorieuse victoire, le Dieu Vainqueur établit les jeux Pythiens qui furent depuis célébrés dans la Grèce. Dans toute cette narration fabuleuse, les Physiciens aiment à reconnoître les effets du Soleil dont les traits, qui sont ses rayons, dissipent par leur chaleur bienfaisante les exhalaisons meurtrières du limon que formoit la terre amollie par les eaux. C'est de la même manière qu'ils expliquent encore la fable de Niobé (1) que nous avons rappellée dans notre explication. La peste avoit fait périr tous les enfans de Niobé: la peste avoit été engendrée par les exhalaisons contagieuses de la terre échauffée par la chaleur immodérée des rayons du Soleil, & dès-lors les Poëtes feignirent que les flèches d'Apollon avoient fait périr cette famille infortunée. Si Niobé est changée en rocher, c'est, dit-on, l'emblême des tristes effets de sa grande douleur qui la rendit immobile & muette. Si, d'après le sentiment de Pausanias, Mélibée & Anyclée sont supposées calmer Latone, & par ce moyen échapper à la mort, c'est qu'elles guérirent de la maladie contagieuse qui leur ravit leurs frères & le reste de leurs sœurs: enfin si Mélibée fut surnommée *Chloris*, c'est à raison de la pâleur qui lui resta toujours à la suite de ses maux & de sa douleur.

---

(1) Nous avons connu trop tard les lettres de M. Rabaut de Saint Étienne, pour pouvoir inférer son interprétation de la fable de Niobé. Cet Auteur à qui M. de la Lande a donné des éloges mérités dans le Journal des Sçavans, ne voit dans cette Fable qu'une histoire physique racontée dans une langue figurée: nous nous contentons de renvoyer à son sçavant ouvrage, pag. 149 & suiv.

PLANCHE XI.

APOLLON, *Inventeur de la Musique.*

La beauté des formes, l'élégance de la taille & les charmes de la jeuneſſe répandus ſur toute cette figure, indiquent que l'habile Artiſte qui l'a faite a voulu repréſenter Apollon. Les attributs qui l'accompagnent déſignent plus ſpécialement encore ce Dieu. De la roche, ſur laquelle il eſt aſſis, pend un carquois d'ouvrage antique qui caractériſe parfaitement l'inventeur de la chaſſe, maître dans l'art de tirer les flèches. Ce carquois eſt, il eſt vrai, fermé d'un couvercle, & le Dieu ne paroît pas en vouloir faire uſage, quoique dans tous ſes membres on remarque un certain mouvement qui annonceroit qu'il eſt prêt à ſe lever; mais cette action, que doit faire interpréter la gaité qui anime le viſage, paroît indiquer le deſir d'exécuter un morceau de Muſique qu'il vient de compoſer. La bandelette qui ceint ſa tête ſe donnoit ordinairement à ceux qui, vainqueurs dans les jeux, remportoient le prix de la Muſique. Les cheveux qui retombent, ſéparés en boucles diſtinctes, ſemblent la couronner. Aux pieds, on voit des eſpèces de brodequins dont les courroies ſont diſpoſées avec art. Callimaque, dans ſon hymne à Apollon, chante les brodequins d'or de ce Dieu, & peut-être l'Auteur de cette Statue avoit-il doré ceux-ci au ſortir de ſon ciſeau. Juſqu'ici nous n'avons encore fait remarquer que les attributs ordinairement donnés à Apollon, & qui ſe trouvent dans ce bel ouvrage; mais ſous le pied droit, (qui eſt le gauche dans cette Gravure), ce Dieu foule une tortue & ſes mains tiennent des tuyaux de flûte, attributs moins communs, & qui rendent la Statue plus précieuſe & plus rare. Peut-être ne veut-on pas reconnoître dans les fragmens que tiennent les mains des débris de flûtes. Ce n'eſt cependant pas ſans de puiſſans motifs que nous l'avons avancé. Quelle autre choſe, en effet, pourroit-on leur faire porter ? Les doigts & les mains ſont tellement taillés qu'ils ne peuvent tenir rien que de rond ; voudroit-on ſuppoſer que ce fut des reſtes de flèches, de lances ou de ſceptres ? Mais outre que la poſition des mains s'oppoſe à cette conjecture, elle eſt entièrement anéantie par la gaité qui règne ſur la figure & qui ne peut pas accompagner des attributs ſérieux ; ce ſont donc bien plus vraiſemblablement des doubles flûtes que l'intelligent Auteur avoit miſes dans les mains du Dieu. Nous ſçavons bien qu'on nous objectera que Melpomène, Marſyas, Olympe, Hyagnis, & ſur-tout Minerve, paſſoient pour avoir inventé la flûte ; que cette dernière , en venant à la Table des Dieux, ſe voyant badinée par Junon & Vénus ſur la laideur que lui cauſoit le vent dont elle enfloit ſes joues en embouchant ſes flûtes, les jetta dans les forêts d'Ida ; mais ce n'eſt pas ſans autorités que, par préférence, nous regardons Apollon comme inventeur, non-ſeulement de la Muſique ; mais de la flûte & de la lyre. Plutarque, dans ſon Commentaire ſur la Muſique, l'enſeigne expreſſément : *ce ne ſont, nous dit-il, ni Marſyas, ni Olympe, ni Hyagnis qui ont inventé la flûte : nous la devons au ſeul Apollon. Nous lui devons encore la lyre & les autres inſtrumens à corde.* Plutarque donne enſuite pour preuves de ſon aſſertion les danſes & les fêtes qui lui étoient conſacrées & qui ſe célébroient aux ſons des flûtes : il cite une Statue que l'on voyoit à Délos, & dans laquelle ce Dieu avoit à ſa main droite un arc, & à ſa gauche les trois Grâces, dont chacune portoit un inſtrument de Muſique, l'une avoit une lyre, l'autre des flûtes, & celle du milieu ſouffloit dans un flageolet : crainte même qu'on ne l'accuſe d'Inventer, pour favoriſer Apollon, le même Écrivain cite les Auteurs ſur leſquels il s'appuie, ainſi que ſur l'antiquité de la Statue dont il parle, & qu'il fait remonter juſqu'à l'âge d'Hercule.

Quant à la tortue que foule le Dieu, par quels motifs l'a-t-on miſe ſous les pieds d'Apollon ? Nous allons tâcher d'en découvrir & d'en indiquer quelques-uns. D'abord, on peut croire que le but de l'Artiſte que nous avons déjà dit avoir indiqué ſon Apollon par des flûtes, a voulu par la tortue déſigner qu'il étoit l'inventeur de la lyre, qui dans ſon origine fut faite d'écailles de tortues, ce qui la fit ſurnommer *teſtudo*. Peut-être le Sculpteur après avoir caractériſé par des flûtes le Dieu dont il repréſentoit l'image comme Dieu de la Muſique, a-t-il eu pour but, en mettant ſous ſon pied une tortue, de le caractériſer comme Dieu de la Médecine qui emploie efficacement cet animal, dont Pline raconte des effets merveilleux, ſur-tout contre les poiſons.

Ariſtote, Antigone de Cariſte, Plutarque & d'autres Auteurs, ainſi que le remarque Saumaiſe, dans ſes Commentaires ſur Solin, diſent que, lorſque la tortue a mangé de quelque ſerpent venimeux, pour que cela ne lui ſoit point nuiſible, elle mange auſſi-tôt de *l'origan* : Élien y ajoute de la *rue*; ce n'eſt donc pas ſans raiſon que l'on peut regarder la tortue comme convenant ſingulièrement à déſigner l'Apollon *ſalutaire & Médecin*, & ce ſurnom que nous donnons à ce Dieu n'eſt point notre ouvrage, puiſque l'on a découvert à Rome une table votive qui le portoit (1). Les Anciens n'ont pas pour d'autres motifs consacré la tortue à Esculape (2) : &, si l'on joint la morale au physique, la tortue désigneroit encore la Prudence, & cet art de temporiser si nécessaire à ceux qui exercent la Médecine. Suivant un vieux proverbe Grec, la tortue est le symbole de la Sagesse & de la Vertu.

La tortue ayant été considérée autrefois comme un animal de bon augure, ne pourroit-elle pas être aussi le symbole d'Apollon rendant des Oracles ?

Si cet animal qui se cache, en hyver, dans les cavernes & ne paroît que pendant l'autre partie de l'année sur la terre où il se traîne, a été consacré à Cybelle, soit parce qu'il semble toujours ou caché dans son sein ou attaché à lui ; soit parce qu'entièrement muet il étoit le signe du Silence que devoient observer les personnes que l'on initioit à ses mystères : s'il a servi d'attribut à Vénus Uranie, comme nous l'a fait remarquer Pausanias dans la Statue de Phydias, pour, ainsi que l'interprète Plutarque, désigner que les femmes doivent garder la retraite & le silence : ne convient-il pas aussi parfaitement à Apollon, considéré comme le Soleil, que les Anciens appelloient *inferus*, lorsqu'il parcouroit les signes d'hyver, & *superus*, lorsqu'il occupoit les points supérieurs du Zodiaque ?

La tortue marine a, suivant Élien, une qualité qui peut l'avoir fait choisir pour un emblême d'Apollon. Ce Naturaliste prétend que ses yeux ont l'avantage de répandre un éclat singulier qui s'échappe comme un trait d'éclair ou comme un rayon de lumière, symbole tout naturel de la splendeur du Soleil (3).

---

(1) ... *Testudo Apollini SALUTARI ET MEDICINALI bene convenire potest ; quo inusitato ac nunquam antea audito cognomine in hâc votivâ tabulâ nuper Romæ erutâ decoratur, quam mecum communicavit V. C. Franciscus Victorius ex equestri ordine D. Stephani nunquam satis a me laudandus.* Gori. *Musei Florentini statuæ antiquæ*, p. 16.

A P O L L I N I
S A L V T A R I
E T M E D I C I N A L I
S A C R V M

(2) Parmi les Pierres gravées qu'a dessinées le célèbre *Bonarotti*, on voit un Esculape dans la main duquel est une tortue.

(3) Élien assure que les prunelles des yeux de tortue sont très-blanches & très-éclatantes, qu'on les enchâssoit dans de l'or, & que les femmes, qui les estimoient beaucoup, s'en faisoient des colliers. *Ælian. Lib. IV, de animal. Cap. XXVIII.*

Quoique nous ayons donné le nom d'Apollon à notre Statue : quoique même nous foyons convaincus que l'Artifte n'a pas eu d'autre intention que d'exprimer ce Dieu, & que nous ayons fourni bien des raifons de notre conjecture, nous ne fçaurions cependant blâmer ceux qui croyent que cette belle figure eft celle de Mercure, & qui s'appuyent fur deux motifs que l'on ne peut pas dédaigner. Le premier eft que le carquois que l'on voit fufpendu au roc fur lequel eft affis Apollon, peut défigner celui que Mercure a enlevé au Dieu Pafteur des troupeaux du Roi de Theffalie. Le fecond eft que la tortue qui fe retrouve, dans beaucoup de monumens antiques, fous la protection de Mercure, doit convenir fpécialement à ce Dieu qui fit de l'écaille d'une tortue la première lyre connue, fuivant l'autorité des Hymnes attribuées à Homère, que confirment le Poëte *Aratus* dans fes *Phénomènes*, Hygin dans fon *Aftronomie Poétique*, & plufieurs autres anciens Écrivains.

PLANCHE XII.

APOLLON *PYTHIEN*.

On raconte qu'Apollon, auffi-tôt que Jupiter eut vaincu Saturne & l'eut forcé d'abandonner fes États, chanta les louanges de fon père. On dit auffi qu'il célébra de même fa propre victoire fur le ferpent Python, & le bel antique que le Mufeum des Médicis offre à notre admiration, eft une preuve que cette opinion étoit reçue. Affis, cet Apollon tient d'une main la *Cythare* qu'il parcourt légèrement de l'autre. Sous fes pieds eft un ferpent dont les plis multipliés annoncent l'énorme longueur, & que le Dieu femble écrafer encore. C'eft ce ferpent qui nous a fait donner à Apollon le nom de *Pythien*. Le fçavant Statuaire, en faifant ce bel ouvrage n'a pas épargné fes peines. Il n'a pas ménagé à fon cifeau la reffource des drapperies : il a voulu développer la profondeur de fes connoiffances & l'étendue de fon art qui le difpute à la Nature. Le Dieu eft entièrement nud, &, pour qu'on pût admirer complettement fes beautés, l'Artifte ne lui a pas même donné la chlamyde que portoient autrefois les Joueurs de *Cythare*, & que Tibulle invitoit ce même Apollon à prendre lorfqu'il l'invoquoit à préfider aux fêtes célébrées en fon honneur, quand Meffalinus fut admis au Collége des *Quindecimvirs*, chargés de la garde des Livres Sybillins. Mieux inftruit que l'Auteur de l'Apollon *invictus*, notre Statuaire s'eft bien gardé d'orner la tête de celui-ci d'une couronne de laurier. Il fçavoit trop bien que ce Dieu ne s'en étoit jamais paré avant la métamorphofe de fa chère Daphné.

Nous avons déjà dit, qu'en mémoire de la victoire d'Apollon sur le serpent Python (1) les *jeux Pythiens* avoient été institués. Presque aussi solemnels que les jeux olympiques, ils se célébroient en Macédoine, dans un lieu nommé *Pythium*, à *Delphes*, à *Milet* en *Ionie*, à *Magnésie*, à *Sidon*, à *Pergame* & à *Thessalonique*: ceux de Delphes étoient les plus fameux: ils avoient lieu tous les quatre ans, & cet espace s'appelloit *Pythiade*. Les Amphictyons présidoient aux jeux Pythiques & décernoient les prix. « Ces jeux ne consis-
» toient d'abord que dans les seuls combats de Joueurs de *Cythare*, & le meilleur
» hymne en l'honneur d'Apollon méritoit un prix au Vainqueur & une couronne
» de laurier. *Chrysothémis* de Crète, au rapport de Pausanias, fut le premier qui
» jouit de cette victoire: *Philammon*, fils de *Chrysothémis*, & *Thamyris* fils de
» *Phylammon*, l'obtinrent ensuite. *Orphée* si célèbre par ses connoissances & ses
» talens, & *Musée* ne voulurent jamais concourir. *Éleuthère* remporta le prix
» à raison du charme de sa voix, quoiqu'il n'eut pas composé son hymne.
» *Hésiode* n'eut pas un sort aussi heureux: on ne voulut point lui permettre le
» combat, parce qu'il ne sçavoit point s'accompagner avec l'instrument.
» Homère vint à Delphes; mais envain eut-il essayé de toucher la lyre,
» sa cécité eut fait refuser la palme à ses chants divins. Vers la troisième
» année de la quarante-huitième Olympiade, époque de la victoire de *Glaucias*
» le Crotoniate, les Amphictyons apportèrent quelques changemens aux jeux
» Pythiques. Le chant accompagné de la Cythare eut toujours son prix; mais
» ils en instituèrent un pour la flûte & le chant, & un autre encore pour les
» flûtes seules. *Céphallen*, fils de Lampus, remporta le premier: *Échembrote*,
» Arcadien, obtint le second, & *Sacadas* d'Argos mérita le troisième. Plusieurs
» fois même depuis, ce dernier se vit décerner cet honneur. On donna par
» la suite plus d'étendue à ces jeux, & à l'exception du quadrige on y institua
» tous les combats d'Olympie. Les courses du stade simple & du stade double
» furent permises aux enfans. A la Pythiade suivante, on supprima les prix,
» l'on ne réserva pour les Vainqueurs que des couronnes. On n'admit plus
» l'accompagnement des flûtes, qui, trop triste & d'un désagréable augure,
» parut convenir plutôt à des cérémonies funèbres qu'à des jeux. J'ai pour preuve

---

(1) Suivant quelques Auteurs, les jeux Pythiens ont été institués par Diomède en l'honneur d'Apollon. Pausanias dit que les Troéseniens le croyoient ainsi..... *Voyez* sur ces jeux l'essai sur la Musique de M. de la Borde, T. I. p. 82, &c.....

» de ce fait, *ajoute le même Paufanias*, l'offrande que fit Échembrote à Hercule
» d'un trépied de bronze avec cette infcription » *Échembrote l'Arcadien dédia
ce trépied à Hercule, après avoir obtenu le prix aux jeux des Amphictyons,
où il accompagna avec la flûte les Élégies qui furent chantées à l'Affemblée
des Grecs.* « Dans des tems poftérieurs on ajouta la courfe des chevaux aux jeux
» Pythiques, & *Clifthènes*, qui fut depuis tyran de *Sicyone*, y fut Vainqueur.
» *Agelas* de Tégée fut couronné pour avoir le mieux touché des inftrumens
» à corde fans s'accompagner du chant, concours que l'on avoit autorifé
» dans la huitième Pythiade. On joignit encore la courfe des hommes armés,
» aux autres combats, & *Timœnete* de Phlyafie obtint le laurier. Ce ne fut
» qu'à la quarante-huitième Pythiade que l'on admit la courfe des chars atte-
» lés de deux chevaux, & ceux d'*Exéceftidas* Phocéen le rendirent Vainqueur.
» Cinq Pythiades après, on établit la courfe des chars tirés par quatre Poulains,
» & le quadrige d'*Orphondas* de Thèbes atteignit le premier au but. Plus tard
» on introduifit le Pancrace (1), la courfe du Poulain & le char à deux
» Poulains pour les enfans. Le Pancrace n'eut lieu qu'à la foixante-unième
» Pythiade, & *Laïadas* de Thèbes remporta le prix. La Pythiade fuivante
» on vit la courfe du Poulain à laquelle *Lycormas* de Lariffe fut Vainqueur:
» enfin pendant la foixante-neuvième, *Ptolémée* le Macédonien fut déclaré
» victorieux à la courfe des *Biges* (2) ».

---

(1) *Pancrace*, exercice qui faifoit partie de la Gymnaftique des anciens : il étoit compofé de la Lutte & du Pugilat. Dans la Lutte il n'étoit pas permis de jouer des poings, ni dans le Pugilat de fe colleter ; mais dans le Pancrace, qui étoit formé de ces deux exercices réunis, on employoit toutes les forces de fon corps, on fe battoit à coups de poings & à coups de pieds : on pouvoit, pour vaincre, fe fervir des dents & des ongles..... Plufieurs Auteurs fe fervent du mot *Pancratium* qu'ils prennent aux Latins. D'autres employent *Pancration* qui eft le mot Grec : *Pancrace* eft le terme dont fe fert M. *Burette* dans fon Mémoire fur les Athlètes, *Acad. des Belles-Lettres*, T. I. p. 211.... Le mot tire fon étymologie de παν tout, & κρατος force, ce qui défigne l'emploi de toutes les forces du corps. *Voyez* Trévoux, Dictionn. aux mots Pancrace, Pancratiaftre, Pancratium.

(2) Nous avons mieux aimé traduire ce morceau entier de Paufanias (Phocic. p. 620 & fuiv.), que de citer l'abrégé qu'en a fait M. de la Borde dans fon Effai fur la Mufique, (Tom. premier, pag. 82, &c.) c'étoit le plus fimple moyen de relever quelques inexactitudes échappées, par inadvertance, à cet eftimable Abbréviateur, dont on ne fçauroit d'ailleurs trop apprécier les doctes recherches fur un Art qui fait tout à la fois un des agrémens de la fociété, & qui feconde fi bien l'enthoufiafme naturel des cœurs qui célèbrent les louanges de la Divinité.

Après avoir dit que les jeux Pythiens furent d'abord célébrés par des combats de Muficiens qui joignoient le chant à l'accompagnement de la *Cythare* ou de la Lyre : en parlant d'une Statue qui repréfente un Dieu touchant ce même infrument, pourrions-nous ne pas dire quelques mots fur fon origine ? Prefque auffi ancienne que le chant, qui lui-même eft auffi ancien que les hommes, la Cythare ou la Lyre doit fon exiftence à *Jubal*, qui, fuivant Moyfe, vivoit plufieurs Générations avant le Déluge. Les hymnes attribués à Homère, Diodore de Sicile, Horace, Aratus, Hygin regardent Minerve comme inventrice de la lyre. Il eft des Écrivains qui accordent l'honneur de cette invention à Amphion, à Orphée, à Linus; Anacréon & Plutarque, dont nous avons adopté le fentiment, en expliquant la Planche précédente, difent que c'eft Apollon qu'il faut en regarder comme l'Auteur. Quoiqu'il en foit, cet infrument a beaucoup varié par la forme & le nombre des cordes. Diodore de Sicile prétend, que la lyre inventée par Mercure n'en avoit que trois. Homère lui en donne fept, ainfi qu'Horace; Pindare lui en donne autant, & Virgile peint la lyre d'Orphée remarquable par les fept tons que produifoient fes cordes. Feftus Aviénus dit que la lyre d'Orphée en avoit neuf, fuivant le nombre des Mufes, & que celle de Mercure n'en avoit que fept, conformément à celui des Pléiades. *Thimothée* de Milet ajouta quatre cordes à la lyre d'Apollon, & cette innovation le fit bannir de Sparte par un décret des Éphores, qui regardoient comme trop efféminés les accords qu'elle pouvoit alors produire ; mais cette punition n'arrêta pas le goût des Muficiens habiles, & le nombre des cordes augmenta tellement que la lyre en offrit quarante aux doigts habiles d'*Épygonius*.

Montée d'abord fur une écaille de tortue parfaitement vuidée & recouverte d'une peau très-fine, la lyre étoit furmontée de deux cornes de chèvre, ou fimplement d'un manche ; un rofeau divifé en deux parties y étoit adapté, on y attachoit fept cordes tendues de haut en bas. On lui donna d'autres formes par la fuite : des monumens antiques nous la repréfentent fous la figure d'une Violon : dans un bas-relief au Palais Spada à Rome, on en voit une à fept cordes, dont la partie inférieure eft circulaire, furmontée de deux efpèces de cornes ; & fur quelques autres monumens de la même Ville on en voit une à dix cordes, dont la bafe a la forme d'un piédeftal. La lyre de Pythagore de Zarathe reffembloit beaucoup à un trépied Delphique, dit Athenée, auffi en avoit-elle le nom. Pythagore s'en fervoit comme de trois lyres & varioit à fon gré les modes, le Dorien, le Lydien & le Phrygien. Le fiége

fur

fur lequel il étoit affis étoit proportionné à fon inftrument : la bafe en étoit tournante, & le moindre mouvement lui amenoit le côté qu'il defiroit. D'une main il pinçoit les cordes & de l'autre il faifoit ufage du *Plectrum*. M. de la Borde, dans fon Effai fur la Mufique, a parlé de ces lyres, il les a même fait graver, il en cite encore plufieurs autres, dont nous n'avons rien dit, parce qu'il nous fuffit d'avoir annoncé les plus anciennes, & que d'ailleurs on ne finiroit pas s'il falloit s'occuper de toutes les variétés de cet inftrument.

Les Anciens divinifoient tout ce qui leur étoit utile ou agréable. La lyre fut donc mife aux Cieux. On raconte diverfement les caufes de cette prérogative. Hygin & Aratus, difent que ce font les Mufes qui lui ont accordé cet honneur après la mort funefte d'Orphée, l'élève d'Apollon, & qui pouffoit fi loin l'art de toucher de cet inftrument, que l'on prétendoit que les bêtes accouroient à lui & s'apprivoifoient aux fons de fa lyre. M. Dupuis, dans fon excellent Mémoire fur l'origine des Conftellations & fur l'explication de la Fable par le moyen de l'Aftronomie, parle de la lyre d'une manière à rendre bien vraifemblable fon ingénieufe interprétation. « Suivant lui, l'aftre le plus
» apparent, au commencement de la grande période, ou révolution des fixes,
» qui fe trouvoit aux environs du pôle, dût naturellement fixer les regards
» des premiers hommes..... ceux qui n'envifagèrent que fon mouvement circu-
» laire autour du pôle, & qui le voyoient toujours planer..... le comparèrent à
» l'oifeau qui décrit plufieurs cercles en l'air, avant de fondre fur fa proie.
» On y peignit donc un épervier ou vautour, & on appella cette Conftellation
» *Vultur cadens*..... pour le diftinguer de l'aigle..... que l'on nomma *Vultur
» volans*..... D'autres, ne confidérant que la lenteur de fon mouvement, l'appel-
» lèrent *Tardius fidus*, & prirent une tortue pour fymbole, & défignèrent par
» ce nom leur étoile polaire. Elle s'appella donc *Teftudo* en Latin, & en Grec
» χελυς..... mais comme les premiers inftrumens de Mufique furent montés,
» dit-on, fur l'écaille de la tortue, ou plutôt eurent cette forme..... le nom de
» *Teftudo* devint également celui de l'animal & de l'inftrument de Mufique,
» & la Conftellation fut dans la fuite défignée par ce double emblême ».
M. Dupuis croit cependant que le nom de Lyre ne fut donné à cet Aftre que lorfqu'il devint Mercure Égyptien..... « Le folftice & conféquemment le
» débordement du Nil, étoit annoncé pour lors par le coucher du matin de
» la lyre *Teftudo*, & par le coucher du foir du corbeau, ce qui a produit une
» Fable Égyptienne qui a paffé chez les Indiens, & qui eft confervée dans
» l'Ézour-vedam : on repréfente fur le Mont *Nilo*, dans un étang, une tortue

» auſſi ancienne que le monde, & au bord de l'étang, une corneille qui jouit
» de l'immortalité. C'eſt ſur l'écaille de cette tortue que Mercure, dit-on,
» avoit monté ſa lyre; auſſi cette Conſtellation porte-t-elle le nom de la lyre
» de Mercure..... Il eſt également queſtion dans l'Hiſtoire des Chinois d'une *tortue*
» *céleſte*..... Germanicus-Céſar dit, que la lyre dont parle Lucien eſt celle
» de nos Conſtellations, & que Mercure trouva cette tortue après la retraite
» des eaux du Nil; c'eſt le tems où ſe lève la Conſtellation de la lyre. Cet
» Auteur ajoute qu'il y mit neuf cordes, nombre égal à celui des Muſes, allu-
» ſion aux neuf étoiles de cette Conſtellation qui ſont les neuf Muſes des
» Anciens: d'autres diſent que c'eſt à cauſe des ſept ſphères; il eſt des Écrivains
» qui prétendent que Mercure mit ſeulement trois cordes, à cauſe des trois
» ſaiſons de l'année Égyptienne ».

Nous terminerons ici notre citation qui, quoique longue, eſt encore bien abrégée & ne fait qu'indiquer un ſyſtême ingénieux, dont il faut voir de plus longs détails dans le ſçavant ouvrage de l'Auteur lui-même, qui, cependant, ne le regarde encore que comme l'apperçu d'un plus grand, où il ſe flatte d'expliquer la Mythologie par le ſyſtême Phyſico-Aſtronomique.

PLANCHE XIII.

MARSYAS.

Natif de Célènes, Ville de Phrygie, fils d'*Hyagnis* ou d'*Æagre*, comme d'autres le prétendent, Marſyas ou *Maſſes* devint fameux par ſes talens, ſon orgueil & ſon malheureux ſort. Quoiqu'Athénée & Pauſanias lui attribuent l'invention de la flûte, nous ne ſçaurions adopter ce ſentiment, & nous aimons mieux croire, comme Plutarque, qu'il n'imagina que le bandeau de cuir dont on ſe ſervit depuis, tant pour faciliter l'embouchure, que pour voiler l'eſpèce de difformité cauſée au viſage par l'enflure des joues, ou, comme Pline nous le dit, il fut ſeulement inventeur de la double flûte. Cet habile Muſicien, au rapport de Diodore, joignit à beaucoup d'eſprit beaucoup de ſageſſe. On lui attribue la compoſition des airs qu'on chantoit aux fêtes de Cybèle, ce qui n'eſt pas étonnant ſi l'on conſidère ſon attachement pour cette Princeſſe, que rendoient malheureuſe ſes amours avec Atys. Fidèle compagnon de ſes courſes, Marſyas vint avec elle à Nyſa, célèbre par le ſéjour de Bacchus, où ils rencontrèrent Apollon. L'orgueil eſt naturel aux Poëtes & aux Muſiciens: l'orgueil affoiblit toujours à nos yeux les talens de nos rivaux: bientôt Marſyas attaque Apollon & lui propoſe un défi. Apollon l'accepte, & ſa condition eſt, que le vaincu fera à la difcrétion du vainqueur. Les habitans de Nyfa font défignés pour Juges (1). On s'affemble : Apollon commence : Marfyas lui fuccède & la douceur, le charme & la nouveauté même des fons qu'il fçait tirer de fa flûte font pencher pour lui la balance. Apollon exige une nouvelle épreuve, &, mariant les accens de fa voix à ceux de fa lyre, il emporte les fuffrages. Ce n'eft pas de la voix, c'eft de l'inftrument qu'il faut juger, dit Marfyas; deux Arts contre un, cela n'eft pas jufte; mais je n'emploie que vos moyens, reprit Apollon, ma bouche & mes doigts. La raifon fut applaudie, & dans une troifième épreuve Apollon fut déclaré Vainqueur. Les Poëtes font implacables dans leurs vengeances : Apollon fit écorcher par un Scyte ou même écorcha le vaincu. L'Abbé Bannier croit que la prétendue commiffion d'écorcher Marfyas, donné à ce Scyte, n'eft qu'une erreur qu'a fait naître la mauvaife interprétation du mot ἀποσκυτίσαι, que l'on a cru défigner un Scyte, tandis que, fuivant Héfychius, il fignifie feulement *écorcher*. Ce fanglant fupplice n'eft pas avoué par tous les Écrivains. Suidas ne veut point qu'Apollon ait fouillé fes mains divines du fang de fon rival : il prétend feulement que celui-ci devenu furieux fe précipita dans un fleuve qui reçut fon nom. Ce fut de fon fang, difent les autres Auteurs, que le fleuve a été formé; mais il en eft quelques-uns plus doux qui donnent pour fource à ce fleuve les pleurs que les Nymphes, les Satyres & les Bergers répandirent à l'occafion de fa mort.

La variété des fentimens a produit la variété des monumens qui nous repréfentent cette action, & que l'on peut remarquer fur les Pierres gravées du Mufeum qui nous occupe, fur les fépulchres des Étrufques, fur le beau Jafpe rouge du Cabinet d'Orléans, fur une médaille d'Antonin que rappellent les Érudits interprêtes des richeffes de ce même Cabinet, & dans mille autres compofitions.

Ce tiffu de faits que la Fable embellit, ne paroît aux yeux de bien des Sçavans qu'une allégorie, dont l'origine eft le bruit défagréable que faifoit le fleuve Marfyas, & qui écorchoit les oreilles. Noël le Comte voit dans cette Fable une leçon de morale, & croit que les Anciens n'ont voulu par le fupplice de Marfyas, que réprimer l'arrogance & l'orgueil des humains qui s'égalent préfomptueufement à la Divinité. *Fortunio Liceti* croit que toute cette hiftoire fabuleufe ne doit défigner que la préférence, que la lyre mariée à la

---

(1) C'eft ainfi que le rapporte Diodore de Sicile : fuivant Lucien & Hygin, les Mufes furent les Juges du combat, & ce fut Midas, fuivant Fulgence.

voix obtint sur la flûte qui primoit avant sur tous les instrumens de Musique, & qui décréditée alors, ne procuroit plus rien à ceux qui en jouoient. La supposition de Marsyas écorché par Apollon fut d'autant plus naturelle, ajoute l'Abbé Bannier, que la monnoie dont on se servoit étoit de cuir; le Joueur de flûte que désignoit Marsyas en fut privé par Apollon, qui étoit l'inventeur de la Lyre.

La Statue que nous examinons représente évidemment cet infortuné Musicien attaché au tronc d'un arbre. Sa tête & ses bras qu'a restitués un Artiste moderne, ne méritent pas autant d'attention que le reste du corps, que l'on oublie cependant facilement, lorsque l'on voit à Rome la superbe Statue du même Marsyas dans les jardins Médicis.

PLANCHES XIV & XV.

URANIE.

Apollon (1), Conducteur des Muses, & leur Chef, doit naturellement les avoir à sa suite; nous allons donc nous occuper de celles dont les Statues se trouvent au Museum des Médicis, & dont la première est *Uranie*, dès que nous aurons dit quelque chose des Muses en général.

Les Sçavans varient sur l'étymologie qu'ils donnent au nom de Muses. *Phornutus* le tire de μύεται, qu'il dit signifier, ainsi que ζητώ, *chercher, rechercher*: d'autres, considérant la liaison que les Sciences ont entre elles, lui donnent pour origine le mot ὁμοία, *semblable*: elles ont, pour ainsi dire, mis au monde les Sciences & les Arts; leur nom paroît donc, suivant quelques-uns, devoir sortir de μαιοῦται, qui signifie *obstetricare*, accoucher: Daniel, Heinsius & Vossius le forment d'un mot Hébreu, dont le sens est *Science, discipline*: Eusebe l'avoit tiré simplement de μυέω, *initier, enseigner*, & c'est le sentiment qu'ont adopté les Auteurs de l'Encyclopédie, dont voici les propres expressions : « elles sont, » dit-on, appellées *Muses*, d'un mot Grec, qui signifie *expliquer les Mystères*, » Μύει, parce qu'elles ont enseignés aux hommes des choses très-curieuses & » très-importantes qui sont hors de la portée du vulgaire ».

Suivant l'opinion la plus commune & la plus universellement adoptée, il y a neuf Muses. Le plus ancien Auteur qui nous ait conservé leurs noms

---

(1) Dans Diodore de Sicile, Lib. I. Apollon a le surnom de Μουσαγέτη.

est Hésiode, & voici l'ordre qu'il observe, *Clio, Euterpe, Thalie, Melpomène, Terpsichore, Erato, Polymnie, Uranie & Calliope*. Ce nombre de neuf Muses ne fut pas toujours admis. D'abord on n'en connut que deux, puis trois, & successivement on les accrut jusqu'à neuf. Plutarque assure que les Anciens n'en reconnoissoient que trois, suivant le nombre des genres auxquels toutes les Sciences pouvoient se réduire, & qui étoient la Philosophie, l'art oratoire & les Mathématiques : enfin que ce n'étoit que parce que ces trois genres pouvoient se subdiviser chacun en trois autres espèces, que du tems d'Hésiode on avoit porté jusqu'à neuf le nombre des Muses. Suivant Pausanias, les premiers qui offrirent leur hommage aux Muses n'en comptoient que trois, *Meleté, Mnémé & Ædé*; on vit depuis neuf Muses sur l'Hélicon, nous dit le même Auteur.

Jupiter & Mnémosyne, suivant le sentiment ordinaire des Mythologues, ont donné le jour aux Muses. D'autres les font naître de Jupiter & d'Antiope ; il en est qui les disent filles de Memnon & de Thespie : quelques-uns prétendent qu'elles étoient filles du Ciel, & que la terre étoit leur mère, & suivant Noël le Comte, on peut facilement interpréter cette Génération fabuleuse des Muses. Toute lumière de l'esprit nous vient des Cieux, nous dit-il, Jupiter qui étoit le Dieu des Cieux chez les Payens, ou le Ciel même, a dû conséquemment être regardé comme père des Muses. On sçait que la mémoire conserve les notions que l'esprit reçoit, & dès-lors on a fait la Mémoire mère des Muses; car Mnémosyne de qui on les fait naître est l'emblême de la Mémoire; ceux qui ont au lieu de Mnémosyne préféré de leur donner Antiope pour mère, ont voulu signifier que l'émulation enfantoit les Sciences : enfin les Mythologues qui donnent Memnon & Thespie pour source des Muses, ont voulu nous indiquer que les Sciences désignées par les Muses devoient tout-à-la-fois leur existence à la mémoire & à la pensée, qui est une espèce de Divination. *Euphème* a été, dit-on, la nourrice des Muses, parce que la réputation & la gloire que ce nom représente soutiennent l'homme dans ses travaux littéraires, & deviennent l'aiguillon le plus puissant pour lui.

Saint Augustin nous a conservé le sentiment de Varron sur l'origine des Muses. Varron n'en admettoit que trois; mais, nous dit-il, dans une Ville que l'on croit être celle de Sycione, on voulut mettre les trois Statues des Muses au temple d'Apollon. Trois Sculpteurs, que Pausanias nomme *Chephysidote, Strongylione & Olymphéostène*, furent choisis pour faire chacun les trois Statues, & les mieux exécutées devoient être préférées ; mais l'émulation échauffa tellement le génie de ces Statuaires, qu'ils firent chacun trois chef-d'œuvres. La Ville embarrassée dans le choix accepta toutes les Statues & les dédia à Apollon, ce fut Hésiode qui leur donna ensuite les noms qui les distinguent.

Diodore de Sicile donne aux Muses une plus haute antiquité. Ces Déesses si fameuses parmi les Grecs, au rapport de cet Auteur, n'étoient que des Chanteuses habiles qu'Osiris, amateur passionné du chant & de la danse, menoit avec lui dans ses courses victorieuses, & qu'il faisoit conduire par un de ses Généraux, dont le nom étoit Apollon, ce qui fit nommer par la suite Apollon *Musagete* ou Conducteur des Muses. Clément d'Alexandrie, in πιοτ p. 19, prétend que Mégaclus fils de Macare, Roi de Lesbos, acheta neuf esclaves qui, par l'harmonie de leurs chants, dissipèrent l'humeur bilieuse de son père, que l'on ne voyoit jamais d'accord avec sa femme, & que sa reconnoissance les déifia sous le nom des Muses. M. Leclerc croit que la fable des Muses vient des concerts que Jupiter avoit établis en Crète, & qui étoient composés de neuf Chanteuses. Ce n'est même, ajoute cet Écrivain, que parce qu'il est le premier parmi les Grecs qui ait eu un concert réglé, qu'il a passé pour être le père des Muses, & si l'on a donné Mnémosyne pour mère à ces filles célèbres, c'est parce que la mémoire fournit la matière des Vers & des Poëmes.

Quelque soit, au surplus, leur origine, elles passèrent pour être les Cantatrices de l'Olympe, occupées dans ce beau séjour à célébrer les merveilles des Dieux, & l'on croyoit qu'elles connoissoient le passé, le présent & l'avenir. Mises au nombres des Divinités, elles en reçurent tous les honneurs. Athènes sacrifioit souvent sur l'autel que cette Ville leur avoit élevé. Dans la Béotie, l'Hélicon leur étoit consacré, & les Thespiens y célébroient chaque année une fête en leur honneur, dans laquelle on distribuoit des prix aux Musiciens les plus habiles. Piérus leur fonda un temple à Thespies, & Rome dans la première région de la Ville en avoit deux sous leur protection.

La bonne éducation est contre les passions un préservatif très-bon que l'étude constante & de fortes occupations rendent plus puissant encore : aussi les Muses passèrent-elles pour Vierges. Quelques Auteurs cependant leur donnent des enfans, & Pausanias n'excepte pas même la vertueuse Uranie, qu'il fait mère de Linus. Hygin parle de ses foiblesses avec Apollon. Catulle lui attribue la naissance d'Hymenée ; mais si l'on examine soigneusement ces inculpations, on verra que les enfans qu'on leur donne ne sont presque tous que les emblêmes des Arts ou des Sciences qui leur étoient propres, & quand on pense que la Muse Uranie a quelquefois été confondue avec la Vénus céleste que M. Larcher nous apprend préfider aux chaftes amours, quoique Vierge (1), on conçoit facilement qu'on a pu la dire mère de l'Hymenée.

Les Mufes furent de tous tems célébrées par les Poëtes, qui leur donnèrent des furnoms & des épithètes que l'on retrouve dans leurs Vers. Le nom de *Camenæ*, dont l'éthymologie eft le Verbe *Cano*, défigne les fonctions qu'elles exerçoient en chantant les Dieux & les Héros. Du Mont Hélicon on leur donna l'épithète d'*Héliconiades*. Ce Mont eft en Béotie & leur fut confacré par deux fils d'Aloëus, Othus & Éphialtès. Servius & beaucoup d'autres Écrivains avoient cru qu'une des collines du Parnaffe qui porte le même nom étoit l'origine de ce furnom des Mufes; mais l'Abbé Bannier releva cette erreur. Le Mont Parnaffe, placé dans la Phocide & qu'on regardoit comme leur féjour ordinaire, les fit furnommer *Parnaffides*. Les montagnes de Béotie, qui de leur nom de Monts Aoniens avoient déja fait défigner la Province entière par le mot d'Aonie, font l'origine de l'épithète d'*Aonides* que nous voyons donner aux Mufes. On les nomma *Thefpiades*, du nom de Thefpia, ville de Béotie, ou, peut-être, pour annoncer leur talent dans la Poéfie, que les Anciens confidéroient comme une efpèce de Divination. Le Mont Cytheron, le Mont Piérus leur ont procuré les épithètes de *Cythériades* & *Piérides*. Celles de *Pégafides*, d'*Hippocrenæ* & d'*Aganippides* leur vinrent des différens noms que portoit la fontaine célèbre que Pégafe étoit dit avoir fait fortir de la terre d'un coup de pied. Du nom de Mnémofyne leur mère, ou plutôt encore à raifon de l'avantage qu'elles procurent aux Poëtes de les faire connoître à la poftérité, elles furent & font encore furnommées *Mnemonidæ*, filles de Mémoire.

Oublierions-nous de citer ici l'aventure des Mufes chez Pyrenée, & le défi que leur firent les filles de Piérus? Ce feroit manquer à la reconnoiffance que nous devons à Ovide, qui nous a confervé ces traits & les a embelli du charme de fes Vers immortels. Pyrenée, fuivant ce Poëte, régnoit dans la Phocide : un jour il invita les Mufes à fe retirer dans fon Palais pour ne point être expofées à une pluie abondante qui tomboit : puis, abufant de l'hofpitalité qu'il leur avoit offerte, il voulut leur faire violence; mais elles fçurent échapper à fes piéges à l'aide des aîles qu'elles fe donnèrent, & virent de loin leur infenfé raviffeur fe précipiter, pour les pourfuivre, du haut d'une Tour, & expirer fur la terre qu'il imbiboit de fon fang coupable.

Cette hiftoire, fuivant Plutarque, eft une métaphore qui couvre l'injure

---

(1) M. Larcher, Mémoire fur Vénus, pag. 10.

que ce Roi tyran fit aux Mufes en détruifant les lieux d'études où la jeuneffe alloit s'inftruire, & les lycées où les Sçavans fe raffembloient. La fuite des Mufes ne pourroit-elle pas indiquer encore cette vérité, qu'elles ne fçauroient habiter où les Souverains les dédaignent & les méprifent, & où règne la tyrannie?

Quant au défi fait par les Piérides aux Mufes, de mieux chanter qu'elles, il feroit trop long d'exprimer d'après le même Ovide & l'arrogance de ces neuf filles de Piérus & d'Évippe, & leur orgueil à chanter les premières fans prendre les loix du fort; de rapporter les airs fublimes que met le Poëte dans la bouche de Calliope, qui chante au nom de fe fœurs & qui raconte toute l'hiftoire de Cérès; enfin, fi toutesfois on peut imiter les nuances des couleurs qu'il emploie, de peindre d'après lui le rire amer des *Émathides* (1), leur infultant mépris des menaces faites par les Mufes, leur étonnement en voyant leurs corps fe couvrir de plumes, leurs mains fe terminer en ailes, leurs bouches fe convertir en becs: les fenfations qu'elles éprouvent, lorfque voulant enfin exprimer leur douleur en frappant leur poitrine, l'agitation de leurs bras les enlève de terre & les porte fur les arbres des forêts, d'où leur rauque caquet fe fait entendre, annonce encore leur intariffable goût pour un babil importun, & reproduit leurs fottes infultes contre leurs victorieufes rivales.

C'eft ainfi que l'ingénieux Ovide a rendu piquante par les graces de fa Poéfie, & fon génie fertile, une hiftoire bien naturelle & bien fimple. Piérus, mauvais Poëte, remplit fes ouvrages de traits peu dignes des Dieux: il en fit un, nous dit Plutarque, dans fon Commentaire fur la Mufique, où il attaquoit les Mufes, & dès-lors fes enfans furent cenfés avoir livré combat aux filles de Mémoire, &, comme fes Vers ne contenoient qu'un ennuyeux & dégoûtant verbiage, on fuppofa facilement que ces mêmes enfans, défignés par le nom de filles à caufe de leur foibleffe, furent changés en pies importunes & babillardes.

Après nous être occupé des Mufes en général, revenons maintenant à celle que nos deux Statues repréfentent. C'eft *Uranie*, dont le nom annonce la connoiffance du Ciel. Les Anciens regardoient cette Mufe comme l'inventrice de l'Aftronomie, & célébroient beaucoup la Science qu'elle avoit des Aftres. Dans la Statue de la Planche XIV on ne peut la méconnoître. Son diadême femé

---

(1) Les filles de Piérus furent furnommées *Émathides*, du nom de l'*Émathie*, qui fut depuis la Macédoine.

d'étoiles,

d'étoiles, le globe qu'elle porte dans une main, le compas qu'elle tient de l'autre la défignent de la manière la moins douteufe. Ces attributs font ordinairement ceux dont on fe fert pour la caractèrifer. Dans une Pierre antique du Muféum des Médicis, fi cette Mufe tient de la main droite un Volume, elle eft accompagnée par un Aftre, emblême du Soleil, & par le croiffant de la Lune qui rappellent auffi-tôt nos idées vers elle. Sur les marbres de l'apothéofe d'Hercule, fur les médailles de Pomponius, fur le farcophage de la Ville Mattéi, dans le tableau d'Herculanum (1), on le voit conftamment avec un globe image de la fphère célefte. Il règne dans toute cette figure une grande nobleffe qui annonce la fublimité des fonctions de cette Mufe. On ne fçauroit trop admirer avec quel art elle eft vêtue, la difpofition habile de la *Palla* & la forme bien naturelle de fes plis que les Anciens nommoient *rides* & qui étoient néceffairement multipliés dans un manteau que fa mobilité, dit Varron, avoit du mot πάλλω, *agiter*, fait furnommer *Palla* (2).

Dans la Planche XV, le compas & le globe qui ont été ajoutés défignent encore *Uranie*; mais tout dans l'enfemble de la figure ne concourt pas ainfi que dans la précédente à fixer, comme fur elle, notre conjecture. Si même on confidère le mouvement que le Sculpteur a donné à la jambe gauche qui précède la droite que la Statue femble retirer, on pourra croire que c'eft *Érato* (3) à qui conviennent parfaitement encore ce luxe des vêtemens, & l'élégante difpofition des cheveux fi remarquables dans cette Statue.

PLANCHES XVI & XVII.

EUTERPE.

Nous penfons qu'*Euterpe* eft la Mufe repréfentée par la première de ces Statues. Les fragmens de flûte qu'elle tient nous portent à cette conjecture. Les anciens Auteurs Latins lui donnent cet attribut, que les Grecs affignoient à *Terpfichore*. On a fingulièrement varié fur les fonctions qu'ils ont attribuées

---

(1) *Voyez* Antiquités d'Herculanum de David, T. II. Plan. 33, p. 44 & fuiv.
(2) Dictionn. de Trévoux, au mot *Palla*.
(3) Quoique *Terpfichore* foit la Mufe qui préfide aux danfes, ainfi que fon nom l'indique, quelquefois on a attribué cette prérogative à l'aimable *Érato*, & l'on connoît ce Vers d'un ancien Poëte:
Plectra gerens Érato *faltat pede, carmine, vultu.*

à cette Muse (1); mais elle passoit le plus généralement pour avoir l'art d'amuser les humains, & suivant Hésiode, dans sa Théogonie, c'étoit elle qui adoucissoit les maux, dissipoit les peines & faisoit oublier les chagrins. Sa tête ne porte point le diadême de rose, dont Sapho couronne les Muses : ses tempes ne sont pas ceintes d'une branche de palmier : l'on n'y remarque ni feuillages ni fleurs ; mais on voit avec plaisir sur son front les plumes, indices des victoires communes à toutes les Muses. On connoît celle qu'elles étoient dites avoir remportée sur les filles de Piérius, & dont nous avons parlé dans l'article précédent : il en est encore une autre gagnée par elles sur les Syrênes qui leur avoient disputé la supériorité du chant. Les Syrênes, ces compagnes aimables de Proserpine, ainsi que l'enseignent les Mythologues, pour chercher sur Mer cette Reine enlevée par Pluton, avoient demandé des aîles aux Dieux qui les leur accordèrent : vaincues par les Muses, celles-ci les lièrent, leur arrachèrent leurs plumes, & s'en firent un ornement, dont, au rapport de Pausanias & d'Eustathe, ils embellirent leur front. Gori cite un beau marbre que l'on voit à Florence, chez l'illustre Baron Del-Néro, où ce combat & la punition des Syrênes sont parfaitement exécutés. D'un côté, nous dit cet Auteur, on remarque Jupiter assis sur un trône & qui préside au combat : Minerve & Junon l'accompagnent : celle-ci tête voilée tient un sceptre & celle-là s'appuie sur une lance. Des Muses arrachent les plumes des aîles à quelques Syrênes : d'autres en frappent avec des fouets : ils en est quelques-unes qui tiennent leurs rivales vaincues renversées par terre, & l'on en voit enfin qui empêchent les dernières de fuir.

La Planche XVII nous offre une belle Statue de Muse que la trompette mise dans la main droite & le volume tenu par la gauche nous annoncent devoir être *Euterpe*. La *Palla* qui retombe avec tant de grace jusqu'aux pieds, convient bien à une Muse : on sçait que c'est le vêtement donné par les Anciens aux Vierges inventrices des Arts. Nous croyons que la tête qu'un Sculpteur, très-habile dans son Art, mais peu versé dans la connoissance de l'Antiquité, a mise à cette Statue, à la place de la véritable que l'on n'avoit plus, est celle de Junon. L'espèce de diadême élevé & fait en mitre dont elle est ornée convient à cette Déesse & ne se trouve point sur la tête des Muses. L'Artiste qui a dessiné cette Statue a bien adroitement indiqué dans son dessin l'endroit où la tête a été rejointe.

---

(1) *Voyez* Geraldi, &c..... *Voyez* les Antiquités d'Herculanum, *T. II.* p. 32 édit., de David.

PLANCHE XVIII.

CLIO.

Dans un tems moins heureux pour les Arts, un Statuaire, dont le nom nous est inconnu malgré l'inscription posée sur la base avec ces caractères

ΟΡΥΣΑΤΤΙCIΟΝΙΣ ΑΚΡΟΔΙΣΙΕΗΣ (1)

a fait la Statue que nous examinons. Quelle Muse représente-t-elle? Il n'est pas facile de l'indiquer: la Lyre qui lui sert d'attribut, ayant été donnée à plusieurs d'entre elles. Dans les Antiquités d'Herculanum, elle est également entre les mains de Terpsichore & d'Érato, & si nous nous sommes déterminés à nommer Clio cette figure, c'est parce, que chantant les hauts faits des Héros qu'elle consacre au souvenir de la postérité, la Lyre que l'on voit souvent entre ses mains, lui convient spécialement, & nous ne faisons d'ailleurs que répéter l'idée d'un ancien Poëte qui désignant Clio, lui fait tirer de cet instrument les sons les plus agréables.

Clio dulcisonæ citharæ modulamina sumpsit.

Les Sçavans ont différens sentimens sur l'origine du nom de *Clio*: il est dérivé de Κλέος, gloire, disent les uns, n'est-ce pas une gloire immortelle que la Poésie procure à ceux qu'elle loue? Κλέα, louange, est la véritable étymologie du nom de cette Muse, disent les autres, les louanges des grands hommes se chantoient autrefois sur la Lyre & sur la Cythare. Κλεία, *action illustre,* c'est ce que peint *Clio*, & son nom vient de son occupation, prétendent enfin quelques Écrivains, qui ne veulent point que Clio s'amuse à mettre en Vers l'Histoire des Mortels; mais qui lui assignent pour fonctions de les recueillir en

---

(1) Ces lettres, au jugement de Philippe Bonarotti, forment ces mots: *opus atticianis afrodisienis*, &, suivant ce même Auteur, on devroit lire *afrodisiensis*..... Il fait remarquer encore que les lettres τ & δ étoient fort usitées au sixième siècle, comme l'attestent les monumens de ce tems..... Qui sçait, ajoute le même Écrivain, si cette lettre T, ainsi conformée comme C, n'a pas occasionné le changement de bien des mots de nos Manuscrits anciens, tels que *condicio, muciana, solacium?* Voyez Phil. Bonarotti Préf. *in vasa vitrea cœmeter. veter. christian.* p. xxj & xxij.

Profe. La Poéfie ne peut s'empêcher de mettre du merveilleux dans fes compofitions, l'Hiftoire ne doit fes veilles qu'à la vérité : l'imagination doit flatter les portraits faits par les Poëtes, & la fidélité doit fouvent faire reculer d'horreur devant les tableaux tracés par l'Hiftoire. Notre Statuaire n'aura pas adopté le fentiment de ces derniers Auteurs; mais fuivant l'opinion de Diodore de Sicile, & de Plutarque, que nous avons cité d'abord, il aura donné à Clio la Lyre ou Cythare fur laquelle nous la voyons appuyée.

PLANCHE XIX.

DIANE, *VENATRIX*.

Paufanias rapporte que *Pamphus* eft le premier, qui, dans fes Vers ait donné à Diane le nom de Καλλιστω qu'il avoit emprunté des Arcadiens, lefquels revéroient fous ce nom cette Déeffe dans un temple célèbre. Euripide, dans fon Hyppolite, lui donne auffi ce furnom.

La Diane que repréfente la Statue que nous examinons a les contours tellement purs, les proportions fi exactes, tant d'accord dans l'enfemble, tant de délicateffe & d'élégance, que cette même épithète de *Très-Belle* lui pourroit convenir : & les détails en elle ne nous charment pas moins que l'enfemble. Au-deffus d'un vifage agréable & d'une douceur févère, à l'endroit où les cheveux fe féparent, pour couronner les tempes, eft un croiffant, attribut ordinaire de cette Divinité. Sa chevelure eft retrouffée avec grace derrière la tête. Avec quel art & quelle induftrie n'eft pas faite la tunique qu'elle porte ! Le vent ne femble-t-il pas fe jouer dans les plis de la *ftola* qui retombe jufqu'aux pieds & que paroîtroit rider fon fouffle ? Le génie de l'Artifte éclatte jufque dans cette agraffe avec laquelle il a rattaché la robe au milieu de la cuiffe. que, par cette adreffe, il laiffe à découvert ainfi que la jambe. Les pieds ont des fandalles dont les cordons font noués avec goût. Il femble que la Déeffe s'arrête après une courfe rapide qu'indique un certain mouvement répandu dans tous fes membres. Les bras font nuds jufqu'aux épaules : les fonctions de Diane l'exigent. Un de ces bras eft ployé fi naturellement & fon mouvement vers le coude & le poignet eft fi vrai, que l'on croiroit voir la Déeffe elle-même prendre avec une grace divine un de fes traits dans le carquois que portent fes épaules. Ce n'eft pas, il eft vrai, dans cette feule Statue que l'on remarque cette attitude, on la trouve dans plufieurs autres, & les Statuaires paroiffent avoir voulu lutter les uns contre les autres à qui rendroit avec plus de vérité cette action difficile.

Près de Diane est un chien qui convient parfaitement à la Déesse de la chasse : son col est orné d'un collier, & son regard animé, tourné vers sa Conductrice, annonce & son goût pour les amusemens de cette Divinité & le bouillant desir de tenir sa proie. Ce chien n'a pas été ajouté par un Statuaire d'un siècle postérieur à la Statue : le même ciseau les a taillés, & cet ouvrage antique cause à ceux qui le considèrent une douce volupté.

Les traits que Claudien donne à Diane dans ses Vers, les attributs dont il l'accompagne, sont si ressemblans à ceux que l'on remarque dans notre Statue, que l'un de ces deux portraits semble être l'original de l'autre, & les Vers ont un dessin si précis & des couleurs si vraies, que l'on croit voir aussi bien le tableau qu'ils présentent, que nous voyons cette Statue qui nous occupe. Le Lecteur nous sçaura gré, sans doute, de les lui rappeller ici tels qu'ils sont, sans en ternir l'éclat par une traduction qu'il auroit faite mieux que nous.

At triviæ lenis species, & multus in ore
Frater erat, Phœbique genas, & lumina Phœbi
Esse putes, solus que dabat discrimina sexus.
Brachia nuda nitent, levibus projecerat auris
Indociles errare comas, arcu que remisso
Otia nervus agit, pendent post terga sagittæ.
Crispatur gemino vestis gortinia cinctu
Poplite fusa tenus.........

Quand *François Junius*, dans son ouvrage sur la Peinture des Anciens, a soutenu que les Peintres & les Statuaires habiles, jaloux des progrès de leur Art & de leur réputation, prenoient les modèles des Dieux qu'ils vouloient faire dans les écrits animés des Poëtes anciens, il avoit certainement & Claudien & notre Diane sous les yeux.

PLANCHE XX.

STATUE SYMBOLIQUE DE LA DIANE D'ÉPHÈSE.

Les Éphésiens, à l'exemple des anciens Égyptiens, n'ont jamais eu d'autre intention dans les Statues symboliques de *Diane* qu'ils ont faites, que de représenter la Nature mère de tous les Êtres, ou la terre nourrice des animaux, & telle est l'origine de ces mammelles nombreuses dont on voit ses Statues & ses images couvertes. *Claude le Menestrier*, Chef de la Bibliothèque Barberine, cet homme fi habile dans la Connoiffance de l'Antiquité, a publié fept Statues de Diane d'Éphèfe, tirées de différens Cabinets, & il a doctement expliqué les fymboles qui les accompagnent. Ces fymboles principaux font une couronne de fleurs ou tourelée que la Déeffe porte fur la tête : le voile ou le *Peplus*, qui, de la tête fe répand fur les épaules & la recouvre toute entière : des mammelles fans nombre, dont elle eft garnie : de petites victoires qui tiennent dans leurs mains des palmes, des bandelettes ou des rubans : ce font encore beaucoup d'animaux qu'on lui donne pour attributs, des cerfs, des lions, des tigres, des panthères, des bœufs, des griffons, des fphinx, des dragons, des abeilles, des cancres, des guirlandes de fruits, des couronnes, des fleurs, des glands, &c. dont le fçavant Bibliothécaire indique la fignification, d'après le fentiment des meilleurs Mythologues. *Claude le Meneftrier* publia auffi la Statue que nous examinons & qui étoit alors dans le Mufeum du Prince Léopold de Médicis : mais, dans fon ouvrage, notre Statue n'eft pas affez foigneufement deffinée, & comme on n'explique point les fymboles, les attributs ou hyérogliphes qui la décorent, nous fommes forcés d'entrer nous-mêmes dans ces détails.

Cette Statue, très-artiftement taillée, faite entièrement de marbre de *Penteli* (1), porte fur la tête une couronne murale, qui n'eft pas fimplement un ornement favorable à la figure, ou un figne de dignité comme dans les Statues des Dieux Égyptiens; mais qui annonce l'empire de Diane fur les Royaumes fublunaires, fur toutes les Villes de la terre, & le pouvoir bienfaifant de fa Nature protectrice. Dans l'hymne que l'on attribue à Homère ou à Orphée, on l'appelle Ἄνασσα, Reine, &, en la priant d'être favorable aux travaux de l'Agriculture, on lui rappelle fon pouvoir étendu par ces expreffions μεγα κρειουσα, qui en font les fynonimes. On trouve plufieurs autels qui lui font confacrés, & fur lefquels on lit ces mots : *DIANA Confervatrix* & *Invicta*, *Diane Confervatrice* & *invincible*. Sur les Pierres & fur les Médailles Grecques, fouvent elle eft appellée ΣΩΤΕΙΡΑ, *Confervatrice*. Sophocle lui donne le nom de Γαιηοχος, *Maitreffe ou Confervatrice de la terre* : Callimaque la nomme dans fes hymnes Λιμενοσκοπος, *Infpectrice ou Gardienne des Ports*. Ces noms magnifiques que reçut Diane des Anciens, étoient les fignes de la Puiffance qu'on

---

(1) *Penteli* eft une montagne de l'Attique, où Paufanias nous apprend qu'il y avoit des carrières très-confidérables...... *Voyez* Paufanias *in Atticis*.

Au mot *Marmor Pentelicum* dans l'Encyclopédie, on lit que *ce nom étoit donné par les Anciens à un marbre Statuaire d'un beau blanc & en maffes fort grandes.*

reconnoissoit en elle, & qui la faisoit regarder comme la Protectrice & la Sauve-Garde des Villes & des Empires. De cette idée généralement reçue, sortit comme de sa source, ce culte presque universel que rendoient les hommes à cette Divinité, & dont les Actes des Apôtres, Chap. XIX, nous conservent des traces ineffaçables.

Le voile qui couvre notre Statue convient singulièrement à la Déesse qu'elle représente, & inspire la vénération qui lui est due. Pausanias nous apprend, que dans le temple d'Éphèse, devant l'image de Diane, on voyoit au-dessous de la voûte un voile suspendu. Ce voile est-il l'emblème de la nuit, dont Diane est l'*œil*, comme le pense *Claude le Menestrier* ? Ce même voile se trouve sur la tête de quelques autres Déesses, que l'on ne peut considerer comme la nuit, & Gori ne peut consentir à adopter ce système. Il croit que l'on avoit pris des Égyptiens l'usage de recouvrir ainsi les Divinités pour leur donner plus de majesté, & que les Éphésiens peuvent très-bien avoir observé pour Diane la même coutume que les Troyennes à l'égard de Minerve, à laquelle, dans certains jours, celles-ci portoient un voile, dont elles la couvroient, ainsi que le chante Virgile d'après Homère, qu'il a pris souvent pour modèle. D'ailleurs, comme le fait remarquer *Claude le Menestrier*, à quelle Déesse le *Peplus* ou voile, symbole de la pudeur, pouvoit-il mieux convenir, qu'à Diane, surnommée *Chaste* par excellence ?

Le cou & la poitrine de notre Déesse sont beaucoup moins chargés d'ornemens que dans ses autres images : cependant d'un collier fort élégant retombe une branche de palmier, à laquelle pend un croissant. Le palmier est consacré à Diane, on le retrouve dans différentes médailles des Éphésiens, & le Poëte *Théognis*, ainsi que l'Auteur des hymnes attribués à Homère, disent que lorsque Latone mit au jour Diane & Apollon, elle saisit, en accouchant, un palmier, suivant l'usage des femmes, qui, dans ce moment se saisissent de ce que leurs mains peuvent atteindre. Devant le temple de Diane en Aulide on voyoit, nous dit Pausanias, des palmiers dont les fruits étoient assez doux. Enfin, comme l'écrit Apulée & comme l'attestent les plus anciens monumens, le palmier étoit consacré à Isis, que l'on sçait être la même que Diane, & c'étoit pour cette raison que la Divinité Égyptienne avoit une chaussure tissue de feuilles de cet arbre, & que dans les Processions, faites en son honneur, celui qui marchoit le troisième portoit une palme à feuilles d'or.

Le reste du corps de notre Diane d'Éphèse est couvert de quatre parties d'ornemens, fur chacune defquelles on voit des bas-reliefs fculptés avec art. Le premier, au-deſſous de la poitrine, offre deux buſtes : dont l'un repréſente le Soleil ou Phœbus, & le ſecond Diane elle-même ou la Lune. Dans les différentes copies des Statues de Diane, que *Claude le Meneſtrier* a publiées, Diane a derrière la tête un difque ou un croiſſant ; mais dans la nôtre on remarque des aîles. Quant à la figure du Soleil, elle eſt, ſur notre Statue, entourée de rayons & d'une eſpèce d'Auréole, ſigne de Divinité & de majeſté emprunté des Égyptiens par les Étruſques, & des Étruſques par les Romains.

Parmi les Pierres gravées du Muſeum, dont nous publions les Statues, on peut en remarquer deux, où Diane céleſte & Diane d'Éphèſe portent des aîles, ſymbole de la vîteſſe, à ce que dit Macrobe, que les Égyptiens & les Phéniciens, puis les Étruſques, adaptèrent à leurs Dieux, ſymbole d'ailleurs qui convient à la Divinité dont on ne ſçauroit trop exprimer la promptitude à ſecourir les mortels, & à parcourir, pour ainſi dire, toutes leurs demeures, pour veiller à leurs beſoins. Sur une Statue deſtinée à repréſenter plutôt encore la Nature que Diane, ne voit-on pas combien ſont placées ſagement les images du Soleil & de la Lune ſources de la fécondité, que des Nations très-anciennes ont adorés, &, auxquels nous ſçavons que les peuples ont élevé tant d'autels ſur leſquels ils ont inſcrits les qualités d'*Invincibles & d'Éternels* qu'ils donnoient à ces Divinités, qu'il faut avouer être les ſeules dont le culte ait le moins dégradé la raiſon ?

Le ſecond bas-relief qui décore notre Statue, eſt celui des Grâces. Elles ſont nues, & leurs bras entrelaſſés les uniſſent enſemble. Ces Déeſſes des Ris & de la Beauté ont toujours été par les Anciens placées auprès des Dieux. Horace, dans ſes hymnes, les invoque fréquemment comme les aimables compagnes de Vénus, de Cupidon, de Mercure, de la Jeuneſſe & des Nymphes. Raphaël Fabretti parle dans ſes ouvrages d'un beau bas-relief de marbre, où près du Génie d'une fontaine, de Mercure & d'Hercule qui ſe couronne, on voit les Grâces décentes, dont la compagnie ſemble flatter ces Dieux. Pauſanias nous apprend, qu'elles étoient avec les Heures, ſur le diadème de Junon, dans ſon temple à Mycène, où cet Auteur avoit vu ſa Statue qu'il décrit, & qui étoit une des plus belles productions du ciſeau de Polyclète. Nous avons déjà parlé de l'Apollon Délien qui tenoit dans ſes mains les Statues de ces mêmes Grâces. Pauſanias nous cite encore des images de *Liber* ou Bacchus, dans les mains duquel ſe trouvent ces Divinités. Auprès d'elles, dans le bas-relief que nous expliquons, ſe voyent deux cornes chargées de fruits & de fleurs, qui ſemblent

être

être destinées, l'une au Soleil, l'autre à la Lune, au-dessous desquels elles sont placées, & qui, par elles-mêmes, symboles de l'abondance, annoncent, ainsi qu'il a toujours paru aux Sçavans versés dans la connoissance de la Mythologie, les heureuses influences de ces Astres-Dieux sur la terre, leur pouvoir & leur bienfaisance. Ce fut, sans doute, par cette raison, que l'Artiste habile qui grava la Pierre superbe que l'on retrouve parmi celles que nous tirons du Museum des Médicis, où le Soleil, monté sur son quadrige, tient une corne d'abondance, donna cet attribut au Dieu qu'il exprimoit. Les anciens Commentateurs de Théocrite n'ont-ils pas aussi grand soin de nous faire remarquer que du tems de ce Poëte, de jeunes filles assez mûres pour l'Hymen avoient coutume de porter & d'offrir à Diane des corbeilles pleines de fruits, pour remercier la Déesse de leur maturité, doux & décent emblême de la leur propre, & célébrer son influence sur toute la Nature? Les Éphésiens ne vouloient pas non plus, ce nous semble, indiquer autre chose que ce pouvoir procréateur de la Déesse, lorsque sur leurs monnoies & sur leurs médailles ils imprimoient des abeilles? Nous ne doutons pas que les surnoms de *Frugifera & Fructifera* donnés à Isis ne puissent être aussi donnés à Diane, puisqu'il paroît constant, ainsi que nous l'avons fait remarquer, que ces deux Divinités n'en font qu'une sous une dénomination différente : & son empire sur les biens de la terre étoit si constant, qu'au rapport de Xénophon, dans Cirus, ceux qui desiroient jouir plus amplement de ces biens, vouoient à cette Déesse, & lui payoient réellement les décimes de leurs récoltes.

Le troisième bas-relief nous présente au milieu des eaux, sur un Bouc marin que suit un Dauphin, une jeune Femme ornée d'un voile que le vent fait voltiger au-dessus de sa tête, & qu'elle tient d'une main. Peut-être a-t-on voulu décorer la Statue de Diane de l'image d'une de ces six cens Nymphes que Callimaque, sous le nom d'ἀμοϱβοὶ, & Apollonius sous celui d'ἀμοϱβάδες, donnent pour compagnes & pour suivantes à cette Divinité : peut-être aussi cette figure veut-elle désigner Diane-marine : car, de même que les anciens Poëtes prétendoient qu'Apollon, porté sur son quadrige, franchissoit les Mers pour commencer sa course, de même aussi leur imagination féconde leur avoit peint Diane sortant sur un Bige du sein de l'Océan pour s'y replonger ensuite.

Sur le dernier bas-relief, qui est le plus proche des pieds de la Déesse, on voit trois petits Génies, dont l'un tient une flèche, celui du milieu un arc, & l'autre un carquois ; ce sont des Génies, disons-nous, de ces Génies que les Anciens donnoient pour compagnons aux Dieux, & tels que celui de Junon

Sospita, dont parle *Martinus Capella*; nous le croyons avec d'autant plus de fondement, que le même nom de *Sospita* fut un des surnoms de Diane. D'ailleurs, voudroit-on que ces enfans désignassent *Cupidon*, accompagné de l'*Appétit* & du *Désir*? Mais ne sçait-on pas que Lucien, dans son Dialogue de Vénus & de Cupidon, peint Minerve, les Muses & Diane, comme invulnérables aux traits de ce petit Dieu, parce que, toujours, elles fuient les dangers de l'oisiveté, pour se livrer à divers travaux ou à l'étude, tandis que tous les Dieux sont vaincus par cet enfant? Ce n'est donc pas parmi des symboles caractéristiques, d'une Divinité victorieuse de l'*Amour*, que ce maître des Dieux & des hommes doit avoir son image.

Notre Déesse enfin a les bras ouverts & les mains étendues, dans l'attitude de ceux qui font des prières & qui offrent des sacrifices; cette position est l'emblême de ses dispositions à exaucer les vœux des humains, & de ce nom d'ΕΠΗΚΟΟΝ *Propice*, que nous trouvons, sur une Pierre antique, avoir été l'épithète honorable de cette Divinité.

Avant de terminer cet article de Diane d'Éphèse, pourroit-on nous blâmer de reproduire ici quelques-unes des explications que *Claude le Menestrier* a données aux différens attributs, dont communément étoit surchargée la figure de cette Divinité? Pour ne pas fatiguer nos Lecteurs, nous nous resserrons, cependant, le plus qu'il nous sera possible.

Nous avons déja rapporté ce que ce sçavant Bibliothécaire a dit du voile ou *Peplus* & de la couronne tourrelée de cette Déesse; il est donc inutile de revenir sur ces objets, prenons successivement & sommairement tous ceux dont nous n'avons encore rien dit.

On voit souvent sur la tête de Diane d'Éphèse une couronne de fleurs. L'usage de couronner ainsi cette Déesse vient évidemment des Égyptiens, qui n'environnoient point la tête de leurs Dieux de rayons, ni de branches de laurier ou d'olivier. Cette couronne servoit d'ailleurs à la distinguer de la Diane des autres Nations, qui ne portoit sur le front qu'un léger croissant. Si parmi les fleurs qui composoient cette couronne on remarquoit près de la rose le *Chrysantemon* avec ses fruits, c'est parce qu'il rappelloit l'idée du globe de la Lune, & que jaune par lui-même, lorsqu'il étoit frappé des rayons du Soleil, il brilloit comme de l'or. *Lilio Giraldi* veut qu'une jeune Éphésienne ait, la première, couronné de *Chrysanthemon*, les tempes de Diane, & que de son nom cette plante ait été nommée *Hélyocrisos*. Déesse des Montagnes, Procréatrice des Plantes, Diane devoit naturellement être décorée d'une couronne de fleurs. Ces fleurs, au rapport d'Apulée, étoient de différentes couleurs, blanches, jaunes & rofes, & leur variété fervoit à défigner ces cercles ou couronnes nuancées que l'on voit autour de la Lune. Enfin les fages Éphéfiens en donnant à Diane un des attributs de Cybèle, n'ont-ils pas voulu faire connoître l'union de ces deux Divinités, qui fouvent les a fait confondre?

Le cerf eft un des attributs connus de Diane, il femble que l'on ait voulu lui donner cet animal pour fuivant autant que pour fymbole. Les Grecs appelloient cette Déeffe ελαϕηϐολος, & fouvent on voyoit fes images accompagnées de quatre têtes de cerfs. L'un des plus légers à la courfe parmi les animaux, le cerf a paru pouvoir défigner le cours rapide de la Lune, qui termine en vingt-fept jours le cercle que le Soleil met une année à parcourir. Déeffe de la chaffe, Diane devoit avoir le cerf fous fa protection, & mère de la rofée, comme le difent les Poëtes, elle devoit toujours fe voir entourée des animaux qui en font leurs délices. La vie des cerfs eft très-longue, & dès-lors ils ont pu fervir d'emblême à Diane, où la Lune que les Anciens gravoient fur leurs monnoies, comme un fymbole de l'éternité, ainfi que le prouvent des médailles de Fauftine la jeune.

Si des lions fe rencontrent ordinairement parmi les attributs de Diane, nous ne devons pas nous en étonner: habitante des montagnes ainfi que Cybèle, avec laquelle nous avons déjà fait remarquer qu'on la confondoit, des lions robuftes devoient la porter jufqu'à leur fommet. Emblême de la Nature qui féconde les terreins les plus ingrats & les plus fauvages, Diane pouvoit avoir elle-même pour fymbole un lion foumis qui indiquât le pouvoir de la Déeffe fur les terres les moins fufceptibles de culture; enfin le lion, dont la partie antérieure du corps eft plus robufte que l'autre, ne pouvoit-il pas affez bien défigner la puiffance inégale du Soleil & de la Lune, qui, cependant, réuniffant leurs influences, opèrent enfemble toutes les merveilles que nous offrent les productions de la Nature?

Le cancre ou l'écreviffe, que toute l'antiquité a placé dans le Ciel, eft reconnu pour attribut de Diane; on le retrouve dans plufieurs des images de cette Déeffe publiées par *Claude le Meneftrier*, & ce n'eft pas fans raifon, nous dit ce Sçavant, que ce cruftacée lui fert de fymbole. Les Égyptiens, auxquels il faut faire remonter le culte de Diane, peignoient la Lune, qui eft la même qu'Ifis ou Diane fous la forme d'un cancre, comme ils peignoient le Soleil fous celle du lion. Le cancre, par fa rondeur, repréfente le globe Lunaire, & le Croiffant de cet Aftre eft indiqué par fes cornes, ornement qui a fait confacrer à Diane, non-feulement les grands animaux qui en font décorés ; mais jufqu'aux infectes qui ont cette prérogative, & c'eft ce qui a valu cet honneur à une efpèce de *fcarabée*.

Le cancre, fuivant le témoignage des Phyficiens (1), reffent particulièrement les influences de la Lune. Dans le croiffant, il eft plein & de bon goût, & il perd fa chair & fa faveur lorfque cet Aftre décroît. Comme la Lune, il femble périr & fe renouveller, lorfqu'il fe cache pour fe dépouiller de fa coquille cruftacée, & qu'il revient briller enfuite paré d'une robe nouvelle : c'eft à la lueur du flambeau célefte qui préfide à la nuit qu'il aime à paroître & à prendre fa nourriture : que de motifs pour donner cet animal en attribut à la fœur d'Apollon ! Et combien n'en peut-on pas affigner encore ! *Goltzius* prétend que l'on regardoit cet animal comme le fymbole de la Prudence, & que ce fentiment eft caufe que l'on a fufpendu fon image au col de Diane. Les rêves des Platoniciens qui veulent que le cancre ferve de paffage à nos ames lorfque nous entrons dans la vie, & l'opinion des Phyfiologiftes qui font préfider la Lune à la génération des humains, favorifent encore la confécration de cet animal à Diane, confécration tellement reçue, que fur beaucoup de médailles (2) on voit cette Déeffe couronnée d'un cancre, & que fur celles d'Antonin-le-Pieux, au revers, on trouve un cancre qui faifit un croiffant de Lune.

Si Diane, dans quelques-unes des Statues que les Éphéfiens lui ont élevées, porte fur fa poitrine de petites victoires, les aîles étendues & tenant une couronne, fi, dans d'autres, cette Déeffe eft couronnée par elles, fes pieux adorateurs vouloient fans doute annoncer l'empire de cette Divinité

---

(1) CANCRE Squinade.... Il a deux petites cornes proche defquelles font les yeux..... Ce Cancre eft plein & de bon goût dans le croiffant de la Lune ; mais il eft vuide & d'un goût peu recherché dans un autre tems..... Il fe dépouille de fa croute ou coquille..... Les Anciens regardoient ce changement involontaire & néceffité comme une fageffe de l'animal, c'eft pourquoi ils le pendoient au col de la Diane d'Éphèfe, Déeffe de la Sageffe..... *Voyez* le Dict. de *Valmont de Bomare*, au mot Cancre.

(2) ..... *Illud etiam hic attexatur, apud Brutios peculiari & infigni coronamento Dianæ caput cancri teftâ ornatum, ut ex eorum nummis palam eft. Antonini pii numifma ab Ægiptiis fignatum in averfâ parte expreffum cancrem habet chelas expandentem, eodem planè fchemate, & pari fymbolo cancer fculptus eft in veteri gemmâ, quæ in Pinacothecâ Eminentiffimi Cardinalis à Balneo adfervatur.* Voyez Claude le Meneftrier, *Statua fymbol. Dianæ.*

fur toute la terre qui eſt foumiſe à ſa puiſſance, ou ſeulement ils avoient pour but d'exprimer leur reconnoiſſance pour tous les bienfaits dont le genre humain eſt redevable à cet Aſtre producteur.

La guirlande ſuſpendue au col de Diane dans la plûpart de ſes Statues, eſt un aſſemblage de fruits ou de fleurs mêlées avec des fruits, & l'on voit au premier coup-d'œil quelle eſt l'origine de cet ornement. Il étoit bien naturel ſans doute que la Nature déſignée par Diane, la Nature mère de tous les Êtres & Procréatrice des fruits & des fleurs, reçut de la main des hommes une offrande formée des productions mêmes qu'ils tenoient de ſes largeſſes : & ſi, parmi les fruits dont ils lui conſacroient des guirlandes, on remarque des pommes & des pavots, leur rondeur, ſymbole de celle de la terre, en eſt la cauſe : le pavot même peut offrir en particulier des motifs du choix que l'on faiſoit de lui : ſa ſuperficie raboteuſe étoit une image des Monts & des Vallées, dont eſt couverte la ſuperficie de la terre. Le pouvoir ſomnifère que les Naturaliſtes reconnoiſſent en lui peut auſſi l'avoir fait donner pour attribut à l'Aſtre qui préſide à la nuit, & c'étoit ſans doute par cette même raiſon qu'Ovide peignoit la Déeſſe de la nuit couronnée des fruits de cette Plante. Enfin pour ne rien omettre, ſi la guirlande dont on décore Diane eſt liée par une eſpèce de ruban, cela ſert non-ſeulement à retenir les fleurs & les fruits qui la compoſent ; mais à déſigner encore la route oblique que la Lune parcourt dans les Cieux.

Les glands ont ſervi de première nourriture aux hommes, diſent les Poëtes de l'Antiquité ; mais la prévoyante & bonne nature changea bientôt leur aliment, n'étoit-il donc pas naturel de voir, au col de la Déeſſe, ſon emblême, ce gland, d'abord ſi utile, conſacré par les mortels à la Divinité qui leur avoit donné des mets plus ſucculens & plus agréables ?

Nous ne répéterons pas ici ce que nous avons déjà fait remarquer au ſujet de ces mammelles ſans nombre que les Épheſiens donnoient à leur Diane, qu'elles ſignifioient la fécondité de la Nature. Cette emblême eſt ſi frappant par lui-même, que l'on n'a pas beſoin, pour en donner l'interprétation, d'accumuler des paſſages de *Macrobe*, d'*Arnobe*, de *Lucrèce*, de *Virgile*, de *Plutarque*, d'*Apulée*, de *Firmicus Maternus* & de *Saint Auguſtin*, que l'érudit le *Meneſtrier* n'a pas cru devoir paſſer ſous ſilence : arrêtons-nous plutôt à l'explication des ſphinx qui accompagnent ſouvent la Statue de la Diane des Épheſiens.

Le sphinx, que les Poëtes ont si monstrueusement composé (1), n'étoit d'abord chez les Égyptiens qu'un animal, fruit de leur imagination pittoresque, qui avoit la moitié du corps d'une Vierge & l'autre d'un lion : & ce peuple si éloquent dans ses signes & ses hyérogliphes n'avoit recours à cette fiction que pour exprimer l'époque du fertile débordement du Nil qui arrivoit aux mois *Quintilis* & *Sextilis*, lorsque le Soleil finissoit de parcourir le signe du Lion & commençoit celui de la Vierge. Les Égyptiens mettoient les Sphinx aux portes des demeures sacrées d'Isis & d'Osiris, comme les symboles du secret & de la prudence qu'ils recommandoient ainsi à tous ceux qui pénétroient dans ces temples. Cet usage des Égyptiens sera passé sans doute aux Éphésiens, & ceux-ci s'en seront servi pour leur Diane, qui n'est, comme nous l'avons si souvent répété, qu'une copie d'Isis. Peut-être l'origine des Sphinx est-elle puisée dans le changement de nourriture & de mœurs des premiers hommes qui le devoient à Cérès, que nous avons dit aussi être le même que Diane : & dès-lors la partie lionne de cet animal désigneroit le tems où les mortels, vivant de glands, comme les bêtes, étoient confondus avec elles, tandis que sa partie virginale indiqueroit l'époque où, des mains bienfaisantes de la Nature, recevant une nourriture aussi distinguée que leur Être, ils ont commencé à suivre la raison à laquelle on disoit que Cérès avoit la première donné des Loix (2). Enfin qui sçait si les Anciens n'ont pas voulu désigner par le sphinx le secret sous lequel la Nature cachoit ses opérations sources abondantes des disputes & des travaux des Sçavans parmi lesquels elle n'a que très-peu de ces vrais amis tels que *Pline* & *Buffon* aux yeux de qui elle ne rougit pas, quelquefois, de lever un coin de son voile.

Ainsi que le sphinx, les griffons étoient consacrés à Diane, les griffons animaux fabuleux éclos dans l'imagination des Égyptiens, & qui, moitié Aigles, moitié Lions, pouvoient servir à désigner l'association

---

(1) *Terruit Aoniam Volucris, Leo, Virgo triformis*
Sphinx, Volucris pennis, pedibus Fera, fronte Puella.

Ausone, *in Ternario numero.*

D'autres Auteurs ont donné au sphinx la queue d'un dragon. On peut consulter sur sa figure *Hérodote, Ælien, Plutarque, Solin, Diodore, Pline & Clément d'Alexandrie.*

(2) *Prima dedit leges. Cereris sunt omnia munus.* Ovid.

heureuse du Soleil & de la Lune, uniſſant leur puiſſance pour féconder l'Univers.

Le dragon ou ſerpent, ſymbole de la Prudence, devoit certainement ſe trouver près de la Statue de celle que l'on en regardoit comme la Déeſſe : auſſi voyons-nous Diane dans un char tiré par des ſerpens ou dragons, & le ſerpent orner ſes ſolemnités ainſi que celles d'Iſis : ſi même l'on fait attention que la vue du ſerpent eſt perçante, & que, doué de la faculté de veiller pendant la nuit, il découvre de loin tous les objets, il faut avouer qu'il pouvoit être naturellement choiſi pour emblême de cet Aſtre argenté, qui, flambeau de la nuit, atteint de ſes rayons & fait découvrir ce que les ténèbres obſcurciſſent. Les replis tortueux du ſerpent & ſa marche inégale n'indiquent-ils pas encore le cours oblique de la Lune, ſes phaſes & ſes éclipſes?

Quant aux bœufs dont on voit la tête ſur la plûpart des images de la Diane Éphéſienne, il ne faut pas beaucoup chercher pour trouver la cauſe de cet emblême. Le bœuf eſt le ſymbole de la fécondité de la terre qu'il ſillonne. C'eſt le bœuf que Varron nous donne pour compagnon dans les travaux des champs, & c'eſt lui qu'il fait Miniſtre de Cérès. Ælien & Pythagore, dans les Vers d'Ovide, nous exhortent à ne pas immoler cet animal utile qui cultive nos terres, qui traîne nos chariots..... Cet animal ſans fraude, ſans malice, né pour partager nos peines. Héſiode le fait, pour ainſi dire, entrer dans nos familles, *chaque maiſon*, dit-il, *eſt compoſée d'un homme, d'une femme & d'un bœuf laboureur*. Inſtrument premier de la culture des terres, Diane devoit donc l'avoir pour ſymbole, auſſi la voyons-nous ſouvent dans les anciennes médailles de Sept. Sévère, de Caracalla, de Julie portée ſur un bige, auquel ſont attelés deux bœufs. Orphée, dans ſes hymnes, chante le goût de la Lune pour les cornes des bœufs, les Romains lui en conſacroient & en ſuſpendoient dans le veſtibule du temple de cette Déeſſe, au Mont Aventin. Il eſt des Auteurs qui ne croyent le bœuf conſacré à Diane que parce que la Lune dans ſon cours approche beaucoup du ſigne du taureau : & ſi on l'appella ταυρωπὶς & ταυροπόλος, ce fut pour cette raiſon ou peut-être encore à cauſe de la forme du Croiſſant qui ſemble nous préſenter les cornes de cet animal.

Les abeilles, emblêmes de la ſageſſe & de la pureté, ſont auſſi le ſymbole de la chaſte Diane. Abbreuvé de la roſée & du ſuc des fleurs, dont les Anciens diſoient que le miel, production précieuſe de l'abeille, étoit formé, la roſée d'ailleurs étant cenſée produite par l'air & par la Lune, ce petit animal volant devoit être confacré à Diane. Les ruches dans lefquelles les abeilles s'affemblent & fondent leurs admirables Républiques font naturellement l'image des Villes & des États que les Anciens mettoient fous la protection de Diane. Aux folemnités de Cybèle on faifoit retentir l'air du bruit des cymbales : aux éclipfes de Lune les anciens peuples frappoient des vafes d'airain ; pour raffembler les effaims des abeilles on fait du bruit avec ces mêmes inftrumens ; cette raifon peut avoir donné l'idée de prendre les abeilles pour fymbole de Diane..... Enfin rien n'a fignifié la fécondité plus efficacement que le miel : c'eft fous le nom de terre qui produit le lait & le miel que l'on peint une terre féconde ; l'abeille, Fabricatrice induftrieufe de ce miel, a donc pu raifonnablement être choifie pour défigner la fécondité de la Nature repréfentée fous les traits de Diane.

Il nous refte encore à parler des rofes & des bandelettes ou rubans que nous voyons auffi fur les Statues de Diane. Quant aux rofes, quoiqu'elles foient fpécialement confacrées à Vénus mère des amours, Diane cependant peut en être, avec raifon, décorée. La rofe aime la fraîcheur, & fouvent elle ouvre fon calice pendant l'efpace de la nuit à laquelle préfide la Lune. Dans les folemnités de la grande Déeffe, Lucrèce nous apprend que devant fes images on répandoit les feuilles odorantes de la rofe. Enfin la rofe eft la reine des fleurs ; elle mérite donc d'orner le front de la Reine des Aftres. Elle peut défigner en outre la végétation des Plantes, filles de la Nature, qui fe nourriffent du fuc de la terre. Pour les bandelettes que nous remarquons dans les mains des petites victoires qui font fur les Statues ou près des Statues de Diane, ou fur la Déeffe elle-même, de puiffans motifs ont pu déterminer le choix de cet emblême. Les bandelettes chez les Égyptiens fervoient à retenir les parfums qui embaumoient les corps, au moment de la fépulture ; or la Lune n'étoit-elle pas regardée comme fouveraine maitreffe de la vie & de la mort ? N'auroit-on pas voulu défigner par les bandelettes que toutes chofes femblent fortir de la terre pour y retourner enfuite ? La Nature exprimée fous les dehors de la Diane d'Éphèfe n'eft-elle pas tout-à-la-fois & la mère & le tombeau de tous les Êtres ? Le grain que l'on confie à la terre pour le féconder ne fe reproduit, pour ainfi dire, que par fa mort & en périffant ; il eft comme enfeveli dans fon fein, & c'eft peut-être ce que la myftérieufe Antiquité nous aura voulu cacher fous ce fymbole : peut-être auffi les contours que font ces bandelettes autour des corps ont-ils paru propres à exprimer les finuofités du

cours

cours de la Lune, ses différens aspects & les cercles que si souvent nous voyons se former autour d'elle.

Nous ne nous arrêterons pas plus long-tems sur tous ces emblêmes, langage mystique des Hyérophantes qui vouloient ou dérober leurs secrets aux yeux ignorans du vulgaire, ou par cette étonnante quantité de symboles, rendre plus vénérable la Divinité qu'ils servoient. Pour ne pas même trop retenir nos Lecteurs, peut-être déjà fatigués de la longueur de cet article, nous ne nous occuperons point ici de l'histoire fabuleuse de Diane; & nous les renvoyons à nos explications des Pierres gravées sur lesquelles cette Déesse est représentée.

PLANCHE XXI.

ENDYMION.

La Statue que nous avons sous les yeux est bien rare, si toutesfois elle n'est pas unique. On ne sçauroit trop admirer l'art avec lequel elle est taillée. Elle n'avoit point encore été gravée lorsqu'elle parut parmi les Planches de l'ouvrage de Gori que nous reproduisons dans notre langue. Entreprendrions-nous de rapporter & d'expliquer en ce moment ce que les Anciens nous ont dit d'Endymion? Mais il n'est pas de Fable que l'on raconte de tant de manières & aussi différentes. Sa demeure étoit, suivant Apollonius, une caverne du Latmus, Mont de Carie: c'étoit le lieu secret de ses rendez-vous mystérieux avec la Lune: c'étoit-là qu'il se livroit tant au sommeil. Ce sommeil d'Endymion étoit-il simplement un repos de jour nécessaire après les fatigues de la chasse à laquelle il passoit les nuits? N'étoit-ce que le fruit de la demande d'Endymion lui-même à Jupiter, pour éviter la colère de ce Dieu jaloux de voir un Berger aimer Junon & ne pas lui déplaire? Seroit-ce, comme le prétendent certains Écrivains, un repos paisible, prix & récompense de sa justice & de ses vertus, ou ne seroit-ce, au contraire, que le symbole honteux de la paresse? Nous ne prononcerons pas plus sur l'origine de ce sommeil, que sur sa durée, sur laquelle les Auteurs ne s'accordent point. Cicéron veut qu'il dorme toujours, qu'il dorme même encore, & que la Lune n'ait de lui, que des baisers pour prix de son amour. Le sommeil, nous dit *Licimnius de Chio* dans *Athenée*, épris des charmes d'Endymion, le fait dormir, les paupières relevées, pour jouir de la beauté de ses yeux. Fulgence ne donne à son sommeil que la durée de trente années: & Nonnus, de son côté, veut qu'il ne dorme jamais. Quant à ſes prétendus amours avec la chaſte Diane, rien de plus ſimple que la ſource de cette fiction embellie de tant de manières par la plume des Poëtes ; nous croyons volontiers avec Pline & Lucien qu'Endymion eſt le premier qui ait découvert la marche, les phâſes, les mouvemens, les périodes de la Lune, enfin tout ce que nous obſervons en elle : & que ſes obſervations nocturnes pendant leſquelles cet Aſtre ſembloit ſe dévoiler avec complaiſance aux yeux de ce Berger, ont donné lieu à l'hiſtoire fabuleuſe de ſes amours avec cette Divinité. Noël le Comte, dans ſa Mythologie, a réuni tous les ſyſtêmes que cette fiction a engendrés : l'Auteur des explications des Antiquités d'Herculanum les a dernièrement raſſemblées (1); nous nous contenterons donc d'y renvoyer nos Lecteurs, & nous ne nous occuperons pour l'inſtant que de la Statue qui nous repréſente ce Berger fameux. Quelle expreſſion le Sculpteur habile n'a-t-il pas ſçu donner au marbre ! Voulant tout-à-la-fois exprimer & le goût d'Endymion pour la chaſſe, & les inclinations de ſon cœur pour la Lune, il lui a baiſſé les épaules, courbé les reins : il l'a poſé dans l'attitude d'un homme qui écoute d'une oreille attentive le moindre bruit que peuvent faire les animaux qu'il veut ſurprendre, & dont la tête, tout en écoutant, ſe tourne avec plaiſir pour contempler l'Aſtre qu'il chérit. Entre ſes genoux eſt un chien dont la forme annonce les fonctions de chaſſeur, & qu'il retient pour l'empêcher de le priver, par des aboyemens indiſcrets, de la proie qu'il deſire. Dans cette explication nous avons plus d'une fois, par le nom de Berger, déſigné Endymion, que des Mythologues inſtruits prétendent avoir été Roi d'Élide ; mais ces deux ſentimens ne paroiſſent éloignés l'un de l'autre que dans nos mœurs. On ſçait que dans le ſiècle où naquit le monde, les premiers Rois eurent l'avantage d'être Paſteurs.

Planches XXII & XXIII.

ESCULAPE.

Plus nous avançons nos recherches ſur les différens Dieux dont le Muſeum de Florence conſerve les antiques Statues, plus nous regrettons de n'avoir pas entre les mains celles du ſçavant M. *Guérin du Rocher*, ſur la Mythologie : elles fixeroient peut-être enfin nos pas au milieu du dédale des Fables : & ce deſir nous eſt bien naturel dans ce moment où nous avons à parler d'Eſculape,

---

(1) Antiquités d'Herculanum, Tom. III. pag. 7 & ſuiv. édit. de David.

sur lequel on est si peu d'accord. Il n'a pas existé, nous disent les uns, toute sa fabuleuse histoire n'est que l'emblème de la température de l'air nécessaire aux hommes pour leur santé : & c'est, d'après ce principe, que *Noël le Comte* explique toutes les circonstances prétendues de sa vie, sa naissance comme fils d'Apollon & de Coronis, la génération de ses enfans, les effets de son sçavoir, & l'origine astronomique de ce bâton entouré de serpens qu'on lui donne pour attribut. Il y a plus d'un Esculape, nous dit au contraire *Cicéron* : on connoît leurs parens, on connoît leurs tombeaux. *Le premier est fils d'Apollon, il inventa la sonde & la manière de panser les plaies. Le second, frère du second Mercure, a sa sépulture à Cynosure, & ce fut lui qui périt frappé de la foudre : le troisième, à qui l'on doit l'usage des purgations, & qui trouva l'art d'enlever les dents, est fils d'Arsippe & d'Arsinoë : près du fleuve Lusius on montre son tombeau, & l'on voit le bois qui lui est consacré.* Sanchoniaton indique un Esculape plus ancien ; il étoit, nous dit-il, fils de *Sydick* ou *le Juste* & d'une des Titanides : c'étoit le huitième de ses enfans & le frère des Cabires. *Marsham* fait un Esculape, Roi de Memphis, fils de Ménès, frère de Mercure premier, deux cent ans après le Déluge. *Bochart* en décomposant son nom & recourant à ses racines, le fait sortir des pays Orientaux. *Fourmond* le donne pour frère d'Éliézer, qu'il dit être le même qu'Hermès, & le fait naître de *Caleb*, ville de Phénicie, de laquelle, ainsi que le *P. Thomassin*, il dérive son nom. *Huet* a rassemblé mille vraisemblances, pour en conclure affirmativement qu'Esculape est Moyse. L'Abbé Bannier ne trouve pas ses conjectures fort bonnes : il met un Esculape en Phénicie, un autre en Égypte, il les transporte en Grèce à l'aide des Colonies de Cadmus & de Danaüs : enfin, du tems d'Hercule & de Jason, il en fait paroître un troisième que l'on met au rang des Dieux, & dont le culte récent confondu avec l'ancien, fait oublier les premiers. Si nous lisons *Eusèbe*, nous trouverons un Asclepius ou Esculape Égyptien, qu'il nomme *Tosorthrus*, Médecin célèbre, à qui l'on attribuoit encore l'invention de l'Architecture, & que l'on disoit avoir contribué beaucoup à répandre en Égypte l'usage des Lettres, que Mercure avoit inventées. Ce Tosorthrus, suivant M. *Guérin du Rocher*, dont nous avons, à dessein, rapproché le sentiment de celui d'Eusèbe, est *Ismaël*, fils d'*Agar*, &, quoique cet Ismaël, père d'une nombreuse génération, source commune des habitans de l'Arabie, qui ont donné des Médecins à une grande partie de l'Europe, ne paroisse pas avoir jamais exercé l'art de guérir ses semblables, cependant une double méprise (1) occasionnée par des prédictions célestes faites sur lui, l'aura fait passer parmi les Égyptiens pour un homme célèbre dans la Médécine.

L'Apothéose même d'Esculape faite par les Égyptiens, & dont parle Saint *Clément d'Alexandrie*, Lib. I. des *Stromates*, paroît encore bien simple d'après l'explication de M. *Durocher*, & de même qu'une méprise l'a fait Médecin, une méprise l'a fait Dieu. *Esmon* ou *Esmunus*, qui, selon *Damascius*, cité par *Photius*, est le même qu'*Asclépius* ou Esculape, vient originairement d'*Ixma* ou *Ifina* qui est le nom d'*Ismaël*: & les Égyptiens, prenant *El* qui signifie Dieu, pour un titre donné à *Ifina*, auront regardé ce personnage fameux comme un Dieu. On voit que le système de M. *Durocher* n'est pas dépourvu de vraisemblance. Que sera-ce, quand il aura, dans sa Mythologie, donné le plus ample développement à ses conjectures, &, de ces parties dispersées, fait un tout dont l'accord fera naître la persuasion ? Mais jusqu'à ce moment, il faut l'avouer, nous devons suspendre notre jugement; sans prononcer donc entre aucun de ces systèmes que nos Lecteurs adopteront ou rejetteront à leur gré, nous allons nous contenter de donner en abrégé le sommaire de l'histoire d'Esculape.

Homère, ou, du moins, l'Auteur des hymnes qu'on lui attribue, nous donne Esculape pour fils d'Apollon & de Coronis, fille de Phlégias. La tradition qui le fait naître d'Arsinoë, fille de Leucippe, paroît invraisemblable à Pausanias. Ce Phlégias, dit cet Historien célèbre, voulut faire un voyage dans le Péloponèse, & prit avec lui sa fille Coronis: elle étoit grosse: son père ne s'en étoit point apperçu: pour cacher sa grossesse, Coronis alla du côté d'Épidaure, &, devenue mère d'un fils, elle l'exposa sur une montagne couverte de myrtes, qui, bientôt quittant son nom de *Myrtion*, fut, de cette aventure nommée *Titthyon* ou *Titthyas*, comme si l'on disoit *mammelle*. Abandonné,

---

(1) « Ismaël, suivant la promesse faite à Abraham, a dû former une Nation, & une Nation considérable ; sa postérité s'est en effet prodigieusement étendue.

Le texte Hébreu porte mot pour mot, qu'il sera en Nation, & en Nation grande, considérable, *l-gui-gdul*. Le mot *gui*, qui signifie Nation, approche de *gee*, qui signifie Médecine ; ainsi les Égyptiens, en se méprenant, auront cru qu'Ismaël ou Tosorthrus avoit dû être un grand homme pour la Médecine.

L'Écriture dit encore d'Ismaël, qu'il sera un homme féroce, en Hébreu *phra*: en transposant une lettre, les Égyptiens ont pu lire *rpha*, qui signifie Médecin : notez que le mot *phra* est ici dans un sens figuré..... Les Égyptiens ne l'auront pas compris, & auront cru devoir lire autrement ». M. *Guérin du Rocher, Hist. des Tems fabuleux* T. I. p. 439.

le fils de Coronis eut pour première nourrice une des chèvres du troupeau d'*Arifthènes* fuivant les uns, & fuivant d'autres d'*Antolaüs* : puis il fut nourri par Trigone, femme vraifemblablement de l'un ou de l'autre de ces chevriers. N'omettons pas une circonftance particulière de fa naiffance. Coronis, quoiqu'enceinte du plus beau des Dieux, lui fut infidèle, & le fils d'Élétus, Ifchys, même pendant fa groffeffe, obtint fes faveurs ; mais elle paya cher fon infidélité : au milieu des travaux laborieux de l'enfantement, Diane, pour venger fon frère, la fit périr, & quand on la mit fur le bûcher, Mercure ou Phœbus lui-même, comme nous l'apprend Ovide, par le moyen d'une flèche, retira de fon fein perfide le naiffant Efculape. Laiffons d'autres Auteurs confondre Coronis avec une corneille, & faire fortir le Dieu de la Médecine, de la coque d'un œuf de cet oifeau. Permettons à quelques Écrivains de donner pour origine à l'Efculape de la Grèce, fous le manteau duquel tant de Charlatans fe font depuis cachés, l'imagination rufée d'un Prêtre Charlatan, qui, après avoir mis dans l'œuf vuidé d'une corneille un petit ferpent, affemblant le peuple, faifant des prières à Apollon, caffant enfuite l'œuf, criant au miracle, puis emportant le ferpent dans fa demeure, puis en montrant, quelques jours après, un fort grand qu'il avoit élevé, dit enfin à fes Auditeurs étonnés, que ce ferpent fi prodigieufement groffi étoit celui qu'ils avoient vu eux-mêmes fortir de l'œuf, que c'étoit le fils d'Apollon, Efculape, Dieu de la Médecine. Le fymbole de ce Dieu, qui étoit un ferpent, fut fans doute la caufe de cette fiction. Efculape fut remis, pour fon éducation, entre les mains du fameux Chiron, des leçons duquel il profita fi bien. Appellé d'abord feulement *Apius*, qui fignifie doux & facile, la guérifon d'*Afclès*, tyran d'Épidaure, lui fit donner enfuite, nous dit Tzezès, le furnom d'*Afclépius* ; fon époufe fut *Épione*, de laquelle il eut pour fils *Machaon* & *Podalire*, & pour filles *Hygiéa*, *Églé*, *Panacéa* & *Jafo*. Sa Science dans l'art de guérir étoit fi grande, que l'on prétendoit qu'il reffufcitoit même les morts, & que, fuivant Diodore & d'autres Mythologues, Pluton le cita devant le tribunal de Jupiter pour s'y plaindre des torts qu'il faifoit à fon Empire. La vie qu'il rendit à Hyppolite lui caufa la mort que lui donna Jupiter en le frappant de la foudre ; mais il fut mis au rang des Dieux, & fon culte fe répandit de tous côtés. Dans combien de Villes, en effet, Paufanias nous le montre-t-il établi. D'Épidaure, où fa fête fe célébroit avec la plus grande folemnité, & où les honneurs divins étoient fi foigneufement rendus, tant au ferpent fous la figure duquel on repréfentoit cette Divinité, qu'à la Statue que *Thrafimède* de Paros avoit fi habilement taillée,

passé à Athènes, il devint commun à plusieurs Villes de la Grèce. *Archias* par reconnoissance de la guérison d'une blessure qu'il avoit reçue, porta le nom & le culte d'Esculape à Pergame. Smyrne le reçut ensuite. On lui éleva un temple dans l'Isle de Crète. Dans la Cyrénaïque, les habitans de Balanogre lui en consacrèrent aussi sous le titre d'Esculape ιατρѕ, *Médecin*. Pausanias parle encore de celui qu'on lui bâtit dans la Phocide, sous le nom d'*Archagète*; d'un autre qu'Hercule avoit construit, près d'un bourg de la Laconie, peu loin du temple de Jupiter *opulent*, & où il avoit fait adorer Esculape sous le nom d'*Asclépius Cotyleus*, à cause de la guérison qu'il avoit obtenue de lui d'un coup reçu à l'emboîture de la cuisse. A soixante douze stades environ d'Acres, cet Historien nous montre un temple dédié à ce même Dieu surnommé *Philolaüs*, &, près du fleuve Ladon, il nous en découvre encore un élevé en l'honneur d'*Esculape enfant*. Vers l'an 462 de Rome, les habitans de cette Capitale du monde, attaqués de la peste, introduisirent le culte d'Esculape parmi eux, & lui construisirent un temple au milieu d'une Isle du Tibre, dont ils décorèrent les bords avec un quai de marbre bâti sous la forme d'un vaisseau.

Dans le bois sacré dont parle Pausanias & dont cet Historien fait une description imposante, tous les cinq ans, au retour de la belle saison, lorsque le printems qui semble donner aux hommes une nouvelle existence & faire revivre toute la Nature, commençoit à paroître, neuf jours après les jeux Isthmiques, les habitans d'Épidaure en célébroient de solemnels en l'honneur de la naissance d'Esculape. Ces jeux se célébroient encore, mais avec moins de magnificence en plusieurs autres endroits. Il y avoit des combats de Musiciens, dont quelques inscriptions que rapporte Meursius, dans son ouvrage intitulé *Græcia feriata*, nous conservent la mémoire.

Parmi les animaux offerts au Dieu de la Médecine, on compte le taureau, le porc & l'agneau que les habitans de Titane immoloient sur ses autels; mais le serpent, la chèvre & le coq lui étoient spécialement consacrés. Le serpent étoit son emblème, & annonçoit encore la prudence nécessaire à tous ceux qui pratiquent l'art divin de la Médecine. La chèvre ayant allaité ce Dieu avoit des droits pour lui être consacrée. D'ailleurs, ne devoit-on pas mettre sous la protection du Dieu des guérisons, un animal que, trompés par l'activité de son sang, les Anciens regardoient comme toujours brûlant d'une fièvre continue? Enfin, le coq que le sage Socrate, lui-même, en mourant, voulut qu'on immolât à cette même Divinité, lui convenoit singulièrement, puisqu'il est le symbole de la vigilance indispensable aux Médecins.

Parlons maintenant des Statues de cette Divinité que possède le Muſeum des Médicis. La première, dont le burin s'eſt efforcé de rendre les grâces févères & la nobleſſe ſur la Planche XXII, eſt vraiſemblablement le reſte d'un beau grouppe, où près d'Eſculape étoit la figure d'Épione ſon épouſe, ou plutôt encore d'Hygie ſa fille, & cette vraiſemblance devient certitude & vérité quand on apperçoit, ſur le dos du Dieu, des fragmens de doigts qui annoncent le bras d'une Statue voiſine qui le tenoit embraſſé. Pluſieurs Artiſtes célèbres de l'Antiquité (1) ſe ſont plu à réunir ces deux Divinités. Pauſanias parle de ces grouppes. *Winkelmann dans ſa deſcription des Pierres gravées de Stoſch, ſeconde Claſſe, Mythologie ſacrée*, Nos. 1420 & 1421, cite une *Amethyſte* & une *Cornaline* où l'on voit *Eſculape & la Déeſſe Hygiéia debout, qui ſemblent ſe parler*. Nous ignorons à quel ciſeau eſt due la Statue qui nous occupe; mais nous croyons pouvoir aſſurer qu'elle eſt ſortie des mains d'un des meilleurs Artiſtes de la Grèce. Sa tête eſt pleine de grandeur, elle tient beaucoup de celle de Jupiter, & c'étoit, nous dit le même Winkelmann, dans ſon hiſtoire de l'Art, un uſage adopté par les plus ſçavans Artiſtes de lui donner cette reſſemblance.

La bandelette ou couronne qui ceint ſon front par-deſſus les cheveux qui le recouvrent, indique le bandeau de laine qu'on lui donnoit. De la main droite, qui eſt la gauche ſur notre Planche, ce Dieu tient un petit faiſceau d'herbes médicinales. Ces herbes ſont apparemment celles qu'Hygin prétend avoir été indiquées par un ſerpent à Eſculape pour la guériſon de Glaucus, ou bien, en général, elles ne font qu'annoncer l'Art que cultivoit ſi heureuſement ce Dieu, & qui tire tant de ſecours du ſuc des plantes & des ſimples. A Pergame, c'étoit ſans doute par ce même motif que l'on ſuſpendoit des plantes médicinales à la voûte du temple de cette Divinité. Quand l'enſemble de la figure, le bandeau, les herbes n'euſſent pas fixé notre jugement ſur cette Statue, le bâton myſtérieux entouré d'un ſerpent ne nous eut pas permis de méconnoître Eſculape; c'eſt ce même bâton que, ſur une *Cornaline* du Cabinet de *Stoſch*, on voit *Minerve*, appuyée contre une colonne, donner à ce Dieu.

La Planche XXIII nous offre encore l'image de ce même Eſculape: c'eſt la copie fidelle d'une petite Statue de marbre qui ne manque pas de beauté.

---

(1) *Æſculapium cùm Hygia ſculpſere artifices præſtantiſſimi Scopas, Straton & Niceratus; cujus opus Romæ conditum eſt in templo concordiæ, ut memorat Plinius.* Voyez Gori, *Muſei Florentini*, Tom. III. pag. 31.

Le bandeau de laine, dont la tête est ceinte, est fait comme une corde, & par-derrière sur les épaules retombent les rubans qui l'attachent. Son menton, ainsi que dans la Statue précédente, est garni d'une barbe abondante, & c'est un des attributs ordinaires de ce Dieu, quoiqu'au rapport de Pausanias, on ait vu sans barbe une de ses Statues. Ses pieds ne sont pas nuds, mais ornés de chaussures très-belles. Nous ne parlerons pas du serpent auquel le Dieu présente à manger: ce n'est point l'ouvrage du même Auteur qui a fait la Statue: un Artiste moderne a commis cette erreur; plus de connoissance dans l'Antiquité la lui eut épargnée, il eut sçu que ce pouvoit bien être un attribut d'Hygie; mais non pas d'Esculape, qu'il eut pu voir, sur plus de six cens monumens, n'avoir auprès de lui que son bâton autour duquel rampe & tourne le serpent.

Il n'est pas hors de propos de profiter de cette occasion pour exposer notre opinion sur ces petites Statues des Dieux que l'on trouve souvent. Elles ont pu être faites pour être placées dans les Chapelles domestiques, ou pour décorer les bâtimens occupés par les Bibliothèques, ou pour orner les Museums; mais ne seroit-il pas possible aussi qu'on en eut fait quelquefois pour les offrir à d'autres Dieux, soit en formant des vœux, soit par reconnoissance & en actions de graces pour quelques bienfaits? Cet usage n'étoit pas aussi peu commun qu'on pourroit le croire; entre plusieurs preuves que nous pourrions en donner, nous choisirons l'inscription d'une Pierre antique qui nous atteste que *Valerius Symphorus* & *Protis* ont consacré à Esculape une petite Statue du sommeil en bronze. Voici cette inscription figurée:

DEO. AESCVLAPIO
VAL. SYMPHORVS. ET. PROTIS
SIGNVM. SOMNI. AEREVM
TORQVEM AVREVM EX
DRACVNCVLIS DVOBVS. P. CL
ENCHIRIDIVM. ARGENTI
P. CCCL ANABOLIVM OB
INSIGNEM CIRCA SE NVMINIS
EIVS EFFECTVM
V. S. L. M.

Cette

Cette offrande d'une Statue du Sommeil à Esculape étoit bien raisonnable assurément, puisque les Anciens croyoient que le sommeil pris dans le temple de cette Divinité, & son apparition pendant le repos de la nuit, guérissoient les maladies. Pausanias nous apprend, que ces sortes de petites Statues se plaçoient dans les mains des grandes, que, dans les solemnités, les Prêtres les portoient aux temples, qu'ils les remportoient après les sacrifices, & demeuroient chargés de les garder.

Par honneur on portoit encore ces petites Statues sur des brancards & des charriots aux jeux du Cirque, & dans les solemnités des pompes triomphales. On les plaçoit même aussi sur les tables au milieu des repas comme Protectrices & Gardiennes des convives. Qui ne connoît point la petite Statue d'Hercule *Épitrapèze*, ainsi nommée, parce qu'elle accompagnoit les vases servis sur les tables pendant les festins, & que *Nonnius Vindex*, cet Amateur instruit des ouvrages de l'Antiquité, plaçoit sur la sienne avec d'autres figures de bronze ou d'yvoire, pour récréer les yeux de ceux qu'il y rassembloit. Cette Statue, grande d'un pied, faite en bronze, étoit un des chefs-d'œuvres de *Lysippe*, Contemporain d'Alexandre, auquel il l'avoit offerte. Hannibal l'avoit eue, &, comme dit poétiquement Martial, dans la quarante-quatrième Epigramme du Livre IX, fâchée de toutes les cruautés dont elle avoit été témoin chez Sylla, qui l'avoit aussi possédée, elle avoit préféré de venir habiter chez le docte *Vindex*, dont la maison paisible, le cœur pur, l'ame noble & les douces manières rappelloient la réception ancienne du Berger Molorchus au Dieu dont elle étoit l'image. Statius Papinius, frappé des beautés de cette Statue, dans un festin auquel *Vindex* l'avoit invité, la célébra dans ses Vers où il s'est plû à en décrire la forme, les charmes & jusqu'aux moindres détails.

PLANCHES XXIV & XXV.

HYGIE.

Fille d'Esculape, Hygie étoit regardée comme la Déesse de la Santé, & de-là, cette vénération que les Grecs & les Romains ont eüe pour elle, & dont nous retrouvons mille vestiges dans les Temples, les Statues, les Autels & les inscriptions que nous voyons, ou dont les anciens Écrivains nous ont conservé la mémoire. Très-souvent sa Statue accompagnoit celle de son père, comme nous l'apprend Pausanias, & plusieurs Pierres gravées citées par *Winkelmann*, dans la description de celles du Baron de Stosch, nous attestent qu'on se plaisoit à réunir leurs images.

Tome III.   I

Le serpent lui est consacré ainsi qu'à Esculape. Dans ses Statues on en voit ordinairement un près d'elle : il se replie quelquefois autour de son bras ou autour de son corps : elle le nourrit dans une paterre qu'elle lui présente ou avec des pavots : & cet emblème indique que, semblable à cet animal qui se dépouille annuellement de sa peau pour en prendre une nouvelle, la nature humaine recouvrant la santé par les bienfaits de cette Déesse, acquiert, pour ainsi dire, une nouvelle existence. Pausanias nous donne la description d'une des Statues de cette Divinité qui étoit à Sycione, & dont on voyoit seulement la tête, les mains & le bout des pieds, tant elle étoit recouverte par ses vêtemens. Les femmes se coupoient les cheveux pour les lui offrir. Athénée nous apprend qu'on avoit donné le nom d'Hygie ὑγίεια à ce que l'on emportoit du temple des Dieux, & que l'on croyoit devoir procurer la santé, parce que cela venoit d'un lieu sacré : c'étoit ou de petits morceaux de gâteaux offerts ou quelque branche de feuillage.

Hygie étoit chez les Romains la même que *Salus*; ce fut à cette Divinité, nous dit Tite-Live, que le Censeur *Junius Babulo* fit élever un temple dans la sixième région de la Ville, & près d'une des portes, qui, du nom de la Déesse prit celui de *Salutaris*. *Nardini* croit que ce sont les débris de ce temple que l'on voit encore dans les Jardins des *Colonnes*; mais il n'est pas d'accord avec d'autres Antiquaires qui regardent ces restes précieux de colonnes antiques comme les derniers vestiges du temple du Soleil, qui étoit effectivement dans ce même quartier de Rome. On entend souvent les Anciens parler des *Augures de la Santé*. Or, les Prêtres de la Déesse *Salus* s'en étoient chargés : ils s'étoient arrogés seuls le droit de demander aux Dieux la santé de chaque particulier & de tout l'Etat, comme si chacun n'eut pas pu la demander lui-même, dit judicieusement l'Abbé *Bannier*; au surplus, cette cérémonie des Augures, quelque solemnelle qu'elle fut, ne les fatiguoit pas beaucoup : il falloit que pendant l'année il ne fut parti aucune armée & que l'on fut dans une profonde paix ; & dès-lors, chez cette Nation guerrière, il se passoit souvent bien du tems sans pouvoir prendre les Augures de la Santé.

Nous ne passerons pas ici sous silence un tour ingénieux d'*Antiochus Soter,* que nous a conservé Lucien. Dans une guerre contre les Galates, ses armes n'avoient pas tout le succès qu'il desiroit. Le danger donne des ressources, & l'imagination fertile de ce Commandant en trouva bientôt. Il feignit que pendant son sommeil, Alexandre, le grand Alexandre, lui étoit apparu, & lui avoit dit : « Fais des images d'*Hygie*, attache-les sur les vêtemens de tes soldats, & tu

» auras la victoire ». Les Tribuns auſſi-tôt ſe parèrent de cet heureux Taliſ-
man, & *Soter* éprouva combien eſt grand ſur les ames humaines l'empire du
merveilleux.

Winkelmann, dans ſa deſcription des Pierres gravées du Baron de *Stoſch*, dit
que la Déeſſe *Hygicia* ou *Salus* eſt la même que *Minerva Médica*. Cette Minerve
ſalutaire eſt repréſentée Planche X & Planche XIII, parmi les Pierres antiques
de Stoſch que B. Picart a gravées. Elle étoit adorée dans la foretereſſe d'Athènes,
où ſa Statue d'airain avoit été placée par Périclès, après la guériſon d'un petit
Eſclave qui lui étoit cher, & qui, tombé du haut du temple que l'on bâtiſſoit,
échappa à la mort par le moyen de l'herbe, appellée *Pariétaire*, que Minerve
montra en ſonge à ce Prince, ainſi que Pline le raconte. Les Oropiens l'ado-
roient auſſi dans le temple d'Amphiaraüs, ſous le nom de *Minerve Pæonienne* ou
Salutaire.

Des deux Statues d'Hygie que nous publions, la première, Planche XXIV,
n'eſt pas auſſi belle que l'autre; mais la ſeconde, qui n'a que deux pieds de
hauteur, eſt faite avec beaucoup d'art.

PLANCHES XXVI, XXVII.

VÉNUS, *connue ſous le nom de Vénus Médicis*.

Le nom ſeul de Vénus flatte l'imagination. Il fait naître les idées les plus
riantes. On ſe peint avec plaiſir cette Déeſſe dont les charmes & la beauté font
oublier le crime de Saturne, cauſe de ſon exiſtence. On la voit, pour ainſi dire,
ſortant du ſein des eaux, plus éclatante que l'écume blanchiſſante qui l'a formée,
portée ſur la conque divine qui lui ſert de char, & voguant paiſiblement
juſqu'à Cythère où elle aborde. On croit reſpirer l'odeur ſuave des fleurs que
les Poëtes ont dit naître ſous ſes pas & dont ils lui font une éternelle couronne.
Nous aimons à nous repréſenter les aimables Heures, ſes inſtitutrices, lui donnant
des leçons qu'il nous ſemble entendre. Nous la ſuivons juſques dans l'Olympe
où tous les Dieux ſont épris de ſes appas, &, ſi nos ames délicates ſont, avec
raiſon, attriſtées de la voir ſe livrer à des amours illicites, elles ſe rappellent,
malgré elles, comme pour l'excuſer involontairement, qu'il étoit bien cruel de
donner, à la plus belle des Déeſſes, le plus laid des Dieux pour époux. Quelle idée
ne ſe forme-t-on pas encore de ſa ceinture myſtérieuſe, ennoblie ſous le nom
de Ceſte, dont on a tant chanté les merveilles? Chaque ſouvenir de cette

séduisante Divinité donne celui des Graces qui l'accompagnent, de l'Amour dont elle est mère, des ris & des jeux qui composent sa suite. La rose qu'elle colore de son sang croît sous nos yeux & s'entrelace au myrthe qu'on lui consacre. Les cygnes qu'elle aime semblent jouer devant nous au milieu des eaux qui lui ont servi de berceau, & les moineaux, qui paroissent avoir le plus participé aux influences de cette Déesse, mêler leurs jeux à ceux des colombes qu'elle chérit. Enfin notre esprit, jouissant de ses propres illusions, voit cette immortelle beauté régner à Cythère, à Paphos, à Gnide, lieux de délices, qu'il feint aisément être le séjour du bonheur, & dont rien n'efface les charmes que ceux de la Déesse que l'on y adore.

Mais si nous voulons ensuite rechercher ce qu'étoit réellement cette Vénus tant vantée, les tableaux brillans tracés par notre imagination disparoissent: l'histoire, dans ses vastes rouleaux où elle a entassé les faits de tous les siècles, ne nous offre aucun trait dans lequel on puisse reconnoître ce que l'on raconte de cette Divinité, & les Sçavans qui veulent en elle retrouver une ou plusieurs femmes célebres par leurs aventures galantes, ne nous paroissent avoir fait que de doctes rêves. Respectons donc le sommeil de ces érudits. Qu'ils trouvent au milieu des astres cette Déesse, qu'ils la multiplient autant que le besoin l'exige, qu'ils lui donnent autant de noms qu'elle a eu de Temples ou de fonctions: qu'ils voyent en songe, ainsi que *Palephate*, un certain *Sol*, fils d'un *Vulcain*, Roi d'Égypte, vengeur fameux des adultères plaisirs de ses sujets, donner lieu à la fable de Vulcain qui, dans ses rets perfides, surprend sa coupable épouse: que sous le voile des amours de Mars & de Vénus, décrits si voluptueusement par Homère, ils croyent, avec le *Père Hardouin*, retrouver l'emblème d'une guerre ancienne: pourquoi troubler leurs songes dès qu'ils leur sont flatteurs? Ainsi Mars, à leurs yeux, peut être l'esprit guerrier, Vénus la ville de Troye, Protectrice des amours de Pâris. La maison de Vulcain qui sert de théatre à leur passion sera l'arsenal d'où l'on tirera des armes pour la guerre. Vénus & Mars surpris sous les filets de son époux, ne leur paroîtront rien autre chose que les Troyens resserrés dans leurs murs, & ne pouvant plus faire de sortie contre les Grecs. Si Vulcain se plaint des amours criminels de son épouse, ce sera une leçon de morale qui défendra aux humains de s'armer pour des sujets aussi frivoles. Quand Mercure se mettra de la partie, le corps des Marchands Troyens agira pour soutenir la Patrie, & Neptune, en priant de délivrer Mars, deviendra le symbole de la flotte Grecque, qui pressera & forcera les Troyens de ceder. Ces rêves, comme les autres, fruits d'une imagination échauffée, ont du moins

DE FLORENCE.

l'avantage de n'être pas nuisibles; mais comme, pour expliquer les Fables, en composer de nouvelles, c'est une folie, nous aimons mieux avouer, en rougissant pour nos Pères, que Vénus & son culte n'offrent que le culte d'une passion divinisée. Ainsi le croyoit autrefois Lucrèce (1) : ainsi le pensoit Cicéron, dont il est important sur cette matière de citer le témoignage. « Comme le pouvoir
» de toutes les passions, dit cet Orateur éloquent, est tel qu'on ne peut la
» modérer sans le secours d'un Dieu, on a donné le nom de Dieu à la passion
» même. Ainsi Cupidon, la Volupté, Vénus sont devenus des noms sacrés,
» quoiqu'ils désignent des affections vicieuses (2) ». *Noël le Comte*, adoptant ce système, l'a étayé de mille preuves; & M. l'Abbé *Bergier* semble, par le secours des étymologies, les avoir complettées. Nous ne répeterons pas ici ce que ces Sçavans ont écrit : leurs Livres sont entre les mains de tout le monde, & il seroit trop long ici de faire un abrégé qui pourroit peut-être atténuer la force de leurs raisonnemens. D'ailleurs, pour ne point blesser la décence, dans une matière qui en fournissoit si facilement l'occasion, le second de ces Auteurs a employé des tournures que nous ne pourrions resserrer qu'en nous servant des expressions laconiques qu'il a voulu éviter, & nous voulons nous piquer toujours d'être, au moins en ce point, ses rivaux, & de n'offenser jamais la pudeur.

Le *Museum de Florence* renferme plusieurs Statues de cette Divinité. La plus belle, sans doute, est celle qui est connue sous le nom de *Vénus de Médicis*, & que nous offrons Planches XXVI & XXVII, sous deux aspects, à raison de sa beauté. Cette Statue trouvée, à ce que l'on prétend, à Rome, dans les terres où étoient les jardins de Néron, achetée à grand prix par *Ferdinand I*, Grand Duc de Toscane, à qui le Museum doit tant de richesses, a été conservée long tems dans le Palais Médicis, d'où elle a pris le surnom qu'elle porte actuellement : puis, du consentement d'*Innocent XI*, en 1677, elle fut pendant le règne de *Cosme III* transportée à Florence, qui se glorifie de la posséder.

---

(1) Lucrèce, *Lib. IV*.
Deux Vers qu'on lit dans *Noël le Comte*, exposent en termes plus honnêtes ce que dit Lucrèce, que nous ne faisons qu'indiquer sans rapporter son témoignage trop peu décent.

Nil amor est alius Veneris quàm prava voluptas,
Quæ simul expleta est, inficit ora rubor.

(2) *Quarum omnium rerum quià vis erat tanta, ut sinè deo regi non posset, ipsa res deorum nomen obtinuit. Quo ex genere Cupidinis & Voluptatis & Lubentinæ Veneris nomina consecrata sunt, vitiosarum rerum neque naturalium,* Cic. de Nat. Deor. Lib II, N. 45. édit. de 1554, Henr. éti. *in-fo.*

Du tems de Pline, il y avoit au Cirque une Vénus de *Scopas*, Auteur de celle-ci, rivale de celle de Cnide faite par *Praxitèle*. Nous difons la rivale, pour éviter de prononcer entre M. *Falconet* & MM. les Abbés *le Blond* & *de la Chau*. On fçait combien leur querelle a été vive : le premier vouloit accabler les deux interprêtes du Cabinet d'Orléans du poids de l'autorité des gens de Lettres qui avoient traduit ce morceau d'une manière favorable à fon opinion & auxquels il eut pu ajouter *Gori* : ceux-ci lui reprochoient durement de ne s'être pas mis en état d'entendre le Latin de l'Hiftorien Philofophe, & de n'avoir pas faifi la fignification propre & première du mot qu'il avoit voulu rendre. Pline à la main, nous avions voulu juger à notre tour qui des combattans devoit avoir la victoire, nous avions péfé leurs raifons : comment nous étions nous dit, M. *Falconet*, entre deux fens qu'offre une phrafe, dont l'un préfente une contradiction dans l'Auteur & l'autre une vérité, a-t-il pu choifir celui qui faifoit accufer Pline d'inconféquence ? Mais c'étoit précifément une inconféquence qu'il vouloit prouver, & en fuivant ce but il a pu être entraîné par l'exemple de bien des Sçavans, qui certes fçavoient cette langue, qu'on veut le foupçonner de ne pas entendre : il a pu être captivé par l'idée de cette rivalité, que Pline lui-même établit entre *Praxitèle* & *Scopas*, au fujet defquels eft née la difpute : &, voyant l'Hiftorien dont il cherchoit à furprendre le fens, parler du mérite refpectif des antiques Statuaires & non des fiècles qu'ils ont illuftrés, ce Sculpteur, dont notre âge s'enorgueillira d'avoir vu naître les chef-d'œuvres, a conclu que Pline parloit de la beauté & non de l'ancienneté de l'ouvrage. MM. *le Blond* & *de la Chau* avoient à parler de la Vénus de Cnide, toute l'Antiquité leur fourniffoit des preuves de fa beauté, &, voulant l'exalter au-deffus de tout ce que l'art avoit pu produire, ils ont cru devoir braver M. *Falconet* (1) & fon opinion. Ils trouvoient l'occafion de venger un grand homme accufé d'une *furieufe inadvertence* : ils avoient pour eux le fens naturel du mot qui feul fervoit de bafe au raifonnement de leur adverfaire, ils croyoient peut-être auffi que, parlant du mérite

(1) On peut voir tout ce qui a rapport à cette difpute, dans l'ouvrage de MM. *le Blond* & *de la Chau*, *defcription des Pierres gravées d'Orléans*, Tome I, pag. 130. Dans les Œuvres de M. *Falconet*, Tom. *IV*, première édit. pag. 371, & dans les Feuilles du *Journal de Paris*, depuis le 25 Février jufqu'au 27 Avril 1783. M. *Falconet*, dans la dernière édition de fes Œuvres, Tom. *II*, pag. 50 & fuivantes, a donné une nouvelle force à fes raifonnemens. Cette édition a paru fous le titre d'*Œuvres diverfes concernant les Arts* ; par M. *Falconet*, à Paris, chez Didot, fils, 1787.

de deux Sculpteurs mis en concurrence, un combat ne suppofant pas toujours une victoire, la Statue de Cnide que Pline avoit regardée, non-feulement comme la plus admirable production de *Praxitèle*, mais comme le plus beau morceau de l'Univers, placée à côté de celle de *Scopas*, pouvoit fouffrir ce combat fans ceffer de lui être fupérieure, & que dès-lors c'étoit à tort qu'on attribuoit à Pline cette inadvertence. Pleins de cette idée, & fe regardant tout à-la-fois comme les vengeurs de Praxitèle, des interprêtes de Pline, de Pline lui-même, de leur propre opinion, ils ont traité M. *Falconet* comme un téméraire, auquel ils n'ont pas rougi de faire le reproche, de n'avoir pas tenté de déchirer le voile de l'ignorance. Attriftés d'entendre ces durs reproches fortir de la bouche des favoris des Mufes contre un de leurs plus chers nourriffons, nous nous fommes éloignés de la difpute & des combattans, & nous nous fommes dit, le tems a fait périr la Vénus de Praxitèle, & nous en a confervé une de *Scopas* fon rival. Confolons-nous & de la perte de la Statue de Cnide & des cris de fes vengeurs par la vue de ce chef-d'œuvre. Cette Vénus eft un affemblage des beautés que la Nature a réparties fur tous les corps qu'elle a formés : c'eft la réunion de fon pouvoir & de celui de l'Art. « Cette Vénus, pour me fervir des expreffions de *Winkelmann*, eft femblable » à une rofe qui paroît à la fuite d'une belle aurore, & qui s'épanouit au lever du Soleil ». Nous méfiant de nous-mêmes, pour décrire un objet fi parfait, peut-être euffions-nous joint ici la defcription faite par M. de *Jaucourt* dans l'Encyclopédie; mais nous avons été retenus par la critique folide qu'en a publiée M. *Falconet* dans fes Œuvres. (*Tom. II*, *deuxième édit.* pag. 39), & nous nous contenterons de renvoyer nos Lecteurs aux deux Planches qui la repréfentent. C'eft-là que malgré la diftance involontaire qu'ils trouveront entre cette figure & fon modèle, ils verront néanmoins des charmes qu'ils chercheroient peut-être envain ailleurs. Ils verront cette tête noble & décente tournée entièrement & fans efforts vers l'épaule gauche, pofition admirable qui femble indiquer la fuite d'un regard qui la bleffe. Ils admireront ce fein plein de graces, plus formé que dans la première jeuneffe; mais loin encore d'une groffeur importune, & tel enfin que Martial defiroit de conferver celui du tendre objet de fes amours (1). Ils contempleront ces formes régulières, ces contours févères & délicats, cette vérité de

---

(1) *Fafcia crefcentes Dominæ compefce papillas*
Ut fit quod teneat noftra tegat que manus. Martial.

nature qui se remarque jusque dans ce genou rentré que M. de *Jaucourt* vouloit inutilement regarder comme un signe de pudeur, ils conviendront pourtant que cet Écrivain amateur en indiquant, pour cause de ce mouvement du genou, le plus louable motif, ne s'écartoit point de l'intention première du Sculpteur, puisque tout, dans cette Statue, annonce ce sentiment pur. La position des mains semble vouloir cacher à l'œil ce que l'œil ne doit pas fixer, & nous aimons à croire que l'on pensera comme nous que cette Vénus, quoiqu'entièrement nue, fait naître plutôt l'idée de l'innocence, qu'elle n'allume le feu de la passion.

On ne peut mieux peindre cette situation pudique de la Reine de la Beauté que ne l'a fait *Ovide* dans les deux Vers cités par *Gori*; mais qu'il a eu tort d'appliquer indifféremment à la Vénus de Cnide ou à la nôtre, comme l'ont très-bien remarqué MM. les *Auteurs de la description des Pierres gravées d'Orléans* :

Ipsa Venus pubem, quoties velamina ponit
Protegitur lævâ semireducta manu.

Les cheveux de cette Déesse, sans lesquels, nous dit *Apulée*, toute accompagnée qu'elle est des Graces & des Amours, malgré sa mystérieuse ceinture, malgré les parfums qu'elle exhale, elle ne parviendroit pas à plaire, ne sont point flottans sur ses épaules : ils sont agréablement renoués au-dessus de la tête. Les traces de l'or qu'ils portent encore prouvent qu'ils ont été dorés anciennement, usage assez commun autrefois chez les Romains qui l'avoient reçu des Étrusques & des Grecs. Les oreilles ont été percées & nous croyons, sans peine, qu'on y avoit attaché des diamans ou des perles de prix, afin de servir de parure à cette Divinité. Cette remarque n'a point échappée à *Maffei*, &, comme il a vu dans *Lampride* qu'il cite, qu'*Alexandre Sévère César* avoit orné la Statue de Vénus des plus beaux pendans d'oreilles faits avec les plus magnifiques perles, il n'a point été surpris de retrouver sur la *Vénus Médicis* les signes de semblables ornemens.

Près de la jambe gauche de cette Déesse on voit un dauphin; sur son dos jouent deux petits Amours, auxquels l'Artiste n'a pas donné tous ses soins, ou qu'il a voulu négliger ainsi pour faire valoir davantage la figure de Vénus. On peut croire que son but étoit de désigner ces deux Amours dont *Ovide* dit que cette Déesse est mère *Geminorum Mater amorum*, & que les Grecs appelloient

appelloient *Eros* & *Anteros*, où des Amours pouvoient-ils d'ailleurs être mieux placés qu'aux pieds de leur Reine qui en étoit environnée sans cesse, ainsi que le chante *Stace*, dont nous allons rendre en notre langue l'idée agréable qu'il a si bien exprimée dans ses Vers:

    Près d'elle, sur sa couche, est un essaim d'Amours:
    Ils n'attendent qu'un signe, &, de leurs traits perfides,
    Ils iront des humains empoisonner les jours,
    De leurs feux, dans les eaux, brûler les Néréides :
    Et, sans cesse changeant de ruses & de tours,
    Au séjour de la paix mettre les Dieux en guerre
    Et régir en tyrans le maître du tonnerre (1).

En attribuant la Statue de la *Vénus Médicis* à *Scopas*, nous suivons le sentiment qui nous paroît le plus vraisemblable. MM. *le Blond* & *de la Chau* la donnent à *Cléomène*. Ils ont été sûrement entraînés par l'autorité de *Paul-Alexandre Maffëi* qui a adopté cette opinion. Nous allons traduire ici mot à mot ce qu'a écrit *Gori* pour la réfuter. « On est incertain, nous dit-il, » quel est le véritable Auteur de cette Statue, & l'on nomme *Phidias*, » *Praxitèle* & *Scopas*; mais je pense que c'est ce dernier.... L'inscription » qu'elle porte sur sa base, en lettres dorées, n'est point antique, &, pour » ne point s'arrêter à la forme des lettres qui n'annonce pas une main » bien ancienne, cette inscription contient une faute qui n'a pas pu échapper » à un homme habile écrivant dans sa langue, & qui ne permet point » d'hésiter : voici l'inscription :

    ΚΛΕΟΜΕΝΗΣ   ΑΠΟΛΛΟΔΟΡΟΥ
    ΑΘΗΝΑΙΟΣ   ΕΠΩΕΣΕΝ

» Or, assurément il n'est pas de monument, qui ne soit restauré, où l'on » trouve le terme επωεσεν: par-tout on lit εποιεσε, & il ne faut pas avoir la

---

(1) Cette version est sûrement bien loin de l'original : pour ne point nuire à l'Auteur nous allons citer ses Vers.

    Fulcra toros que Deæ tenerum premit agmen amorum
    Signa petunt quas ferre faces, quæ pectora figi
    Imperet, an terris sœvire, an malit in undis;
    An miscere deos, an adhuc vexare tonantem,

» moindre connoissance de la langue Grecque pour être trompé par cette
» expression. D'ailleurs, ce Cléomène, Statuaire habile qui a joui d'une
» grande célébrité à Athènes, & parmi les meilleurs ouvrages duquel
» Pline place les Thespiades, dont *Asinius Pollio*, cet Amateur recherché des
» belles choses, avoit fait l'acquisition pour en orner sa bibliothèque, n'est
» point écrit avoir donné quelque Statue de Vénus. Enfin, voici une preuve
» de supposition à la portée de tout le monde, & pour en juger, il ne faut
» avoir que des yeux. L'inscription dont il s'agit n'est point gravée sur la vraie
» base antique qui tient aux pieds de la Vénus ; mais sur celle qui lui est
» ajoutée avec un art, il est vrai, capable de faciliter l'illusion des curieux
» qui ne l'examinent pas assez soigneusement ».

M. *Falconet*, dont nous avons déjà parlé dans cet article, paroît bien éloigné de souscrire au sentiment que nous suivons, il combat même directement *Gori* dans une discussion sur cet objet qu'il a imprimée, *pag.* 301 *du Tome III* de la dernière édition de ses Œuvres. Les raisonnemens de l'Artiste François peuvent se diviser en deux parties : la première contient la solution que M. *Falconet* donne aux objections de *Gori* : la seconde renferme des réflexions contre la même inscription & le même sentiment que combat *Gori*, & ces réflexions tendroient à indiquer un nouvel Auteur de la Statue.

D'abord, nous dit M. *Falconet*, que nous allons résumer, le nom de *Cléomène* est inscrit au bas de la Statue. Il y est inscrit seul. Il n'est pas croyable qu'au milieu de la Grèce, au siècle d'Alexandre, *Cléomène* ait osé mettre son nom à une copie, ce que ne faisoient point les anciens & modestes copistes, comme le prouve cette inscription qu'on lit au bas de la copie d'une Vénus par *Ménophante* ; *Ménophante la faisoit d'après la Vénus qui est dans la Troade.* Quoique *Pline* ne fasse mention d'aucune Vénus sculptée par *Cléomène*, comme il auroit pu ignorer ce fait, ainsi qu'il en ignoroit d'autres, ce ne seroit pas une raison pour refuser à ce Statuaire la Vénus dont il est question. L'écriture de l'inscription est aussi moderne que le marbre rapporté à la Plinthe ; mais il seroit singulier qu'on eut gravé de préférence sur ce marbre le nom de *Cléomène*, que l'antiquité ne faisoit point connoître pour Auteur d'une Vénus. La base, trop mutilée pour pouvoir être réparée proprement, aura été rétablie, & l'inscription aura été copiée en caractères modernes.... Le mot ἐποίει qui fournit une objection à *Gori* se trouve sur des *monumens sincères* ; il peut donc se rencontrer sur la Plinthe de cette Statue. Les Faussaires modernes n'eussent pas commis une faute pareille crainte de ne point donner à leur inscription l'air antique. Il faudroit ἐποίησεν ; mais il n'est pas impossible, à toute rigueur, qu'un Statuaire Athénien ait pu commettre cette faute ? On trouve bien d'autres fautes d'ortographes sur les médailles & sur les monumens de l'Antiquité.

Un fort ancien plâtre du Prince *Gallitzin* à *la Haye*, dit ensuite M. *Falconet*, un autre que l'on conserve à Amsterdam & que les possesseurs assurent être du tems de Louis XIV, plusieurs autres encore que l'on voit en Hollande, au lieu du nom de *Cléomène*, portent celui de *Diomède* : ce nom n'est point gravé sur le plâtre ; mais il a été pris au moule comme la Statue. Le plâtre du Prince *Gallitzin* est peut-être un de ceux que François I fit faire en Italie.... On ne connoît aucun Statuaire qui se nomme *Diomède*; mais il y a eu un Ciseleur de ce nom, & ce Ciseleur a pu, comme *Calamis* & *Lysippe*, devenir bon Sculpteur.... Les plâtres qui portent le nom de *Diomède* auront été modelés avant qu'on restaurât la base de la Statue à Florence, & l'on aura depuis substitué sur la Statue le nom de *Cléomène*, Sculpteur connu, à celui de *Diomède*.... Au surplus, cette recherche sur l'Auteur de la Statue est de la plus grande inutilité pour l'Art & pour l'Artiste.

Cette dernière partie de l'exposé de la discussion de M. *Falconet*, prouve qu'il seroit très-possible que *Diomède* fut Auteur de la Statue, & dès-lors il faudroit supposer une altération dans l'inscription, altération bien forte, puisque ce seroit celle du nom même de l'Auteur : il faudroit supposer, sans autre preuve qu'une simple possibilité, que *Diomède*, de Ciseleur seroit devenu Sculpteur ; mais ce seroit seulement alors changer une vraisemblance contre une autre vraisemblance, que d'adopter *Diomède* pour Auteur de la *Vénus Médicis* plutôt que *Cléomène*, plutôt que *Scopas*. De plus, si nous admettions cette dernière opinion, nous renverserions entièrement le sentiment de ceux qui l'attribuent à *Cléoméne*,& nous fournirions à *Gori* une raison de plus pour la rejetter. Une raison de plus ! Oui, car, quelques bonnes que paroissent celles de M. *Falconet*, que nous avons citées de lui, pour les admettre il faudroit supposer ; 1°. que *Cléomène* n'auroit pas osé mettre son nom seul au bas de la copie d'un ouvrage récent & connu, tandis que *Ménophante* au bas d'une Vénus copiée d'après celle de la Troade, indiqueroit que ce n'étoit qu'une copie ; 2°. que la Plinthe auroit été brisée de manière à ne pouvoir plus être mastiquée & réparée ; 3°. que l'on se seroit appliqué à rendre en caractères modernes, même avec les fautes, l'inscription antique ; 4°. que cette faute, d'ailleurs, seroit une preuve de bonne-foi dans les copistes. Mais, ou la *Vénus Médicis* est une copie ou non : si elle est une copie & que l'inscription soit vraie, *Cléomène* aura de fait mis son nom seul, & tous les raisonnemens alors ne prouveront rien; ou elle est copie, & dans ce cas il peut y avoir des motifs pour mettre son nom seul.

Dans un endroit où étoit connue publiquement la Vénus de *Praxitèle*, un Sculpteur a pu en publier une copie avec son nom seul, sans crainte qu'on confondît son ouvrage avec l'original & sans vouloir en imposer : & si *Ménophante* a écrit modestement au bas de sa Vénus, qu'elle étoit une copie de celle de la *Troade*, c'étoit peut-être pour donner à son ouvrage le prix qu'a toujours la copie d'un chef-d'œuvre dans un lieu qui ne possède pas l'original qu'elle représente. Si les copistes de l'inscription de la Statue de Florence avoient prétendu lui laisser en la réparant l'air antique, ils ne se seroient pas contentés de copier des fautes, ils ne l'auroient pas gravée avec des caractères modernes, ils l'auroient copiée juste comme les Copistes des Manuscrits, quand ils veulent les faire passer pour être vraiment anciens.

Enfin, si l'inscription n'est pas antique, qui peut assurer qu'avant le nom de *Cléomène*, avant même celui de *Diomède* que M. *Falconet* semble regarder comme plus ancien, il n'y en ait pas eu un autre sur la véritable & première inscription, supposé toutefois qu'il en ait existé une ? Le silence de *Pline* sur une Statue de Vénus par *Cléomène* n'est pas une preuve contre *Cléomène* ; mais c'est une présomption, & cette présomption est en notre faveur. Cet examen de la discussion de M. *Falconet* doit lui prouver tout le cas que nous faisons de ces réflexions. Nous nous éclairons souvent au flambeau de sa critique : nous aimons à suivre ses pas dans la recherche de l'Antiquité ; mais, en cette circonstance nous ne croyons pas le blesser en ne nous rendant pas à ses raisons.

Afin de le convaincre même de notre docilité à réformer nos erreurs, nous allons profiter de cette occasion pour en reconnoître une dans laquelle nous sommes tombés, *pag.* 37 de ce Volume. Nous y disons qu'*Hésiode* donna des noms aux neuf Statues des Muses que firent *Céphisidote*, *Strongylione* & *Olymphéostène*. Assurément, nous n'aurions pas commis cette faute, si nous avions eu sous les yeux, en composant ce morceau, l'ouvrage du Sçavant critique qui nous éclaire aujourd'hui ; mais nous nous sommes alors laissé entraîner par l'autorité de *Saint-Augustin* (1) & par celle de l'Abbé *Bannier* :

---

(1) Il ne nous paroît pas hors de propos de citer ici le passage même de *Saint-Augustin*. le voici :

Non enim audiendi sunt errores Gentilium superstitionum, qui novem Musas Jovis & Moriæ filias esse finxerunt. Refellit eos Varro, quo nescio utrum apud eos quisquam

l'Auteur du texte des *Antiquités d'Herculanum* & l'article *Muses* dans l'*Encyclopédie* nous en ont de même imposé. Nous avouerons cependant que l'*Encyclopédie* ne nomme pas plus les Auteurs des Statues que *Saint-Augustin* & l'Auteur du texte de l'*Herculanum*, & que *Bannier* en nommant les Sculpteurs, ne dit pas qu'*Hésiode* ait donné à leurs ouvrages les noms que portent les *Muses*; mais *Saint Augustin*, l'*Encyclopédie* & l'Auteur de l'*Herculanum* citent *Varron*, qui prétend que *Hésiode* a imposé ces noms à neuf Statues faites par trois Statuaires rivaux; *Bannier* assure que *Pausanias* nous a conservé les noms des trois Statuaires dont parloit V ARRON, & qu'il les appelle CHÉPHISIDOTE, STRONGYLIONE & OLYMPHÉOSTÈNE, qu'en effet nous retrouvons cités dans les *Béotiques* de l'Écrivain Grec, & de-là vient notre erreur. Or, suivant M. *Falconet*, qui se trouve d'accord avec *Pline* & *François Junius*, *Céphysidote* & ses concurrens vivoient dans la CIX Olympiade, &, conséquemment *Hésiode*, qui étoit mort depuis cinq ou six cent ans, n'a pas pu donner les noms qui distinguent les *Muses* aux Statues de ces Artistes.

PLANCHE XXVIII.

VÉNUS CÉLESTE.

Près de la *Vénus Médicis* est placée la *Vénus Céleste* que nous aimons à retracer ici : c'est l'accord de la décence, de la pudeur & des Graces. Elle nous rappelle à la fois & cette Divinité que les Assyriens adorèrent avant tous les autres Peuples, & sa Statue que Phidias avoit faite en marbre de Paros, dont Pausanias parle comme existante de son tems. Son front est décoré du diadême, & ce diadême peint en *Minium*, laisse appercevoir des cavités où étoient autrefois placées des Pierres précieuses taillées en étoiles, symboles frappans du surnom d'*Uranie* donné à cette Vénus. On peut dire que dans ce qui est nud on reconnoît & la sévérité des formes & le moëlleux de la Nature. La tête offre le mélange difficile à exprimer de la gravité, de la modestie, de la gaité.

---

talium rerum doctior vel curiosior esse possit. Dixit enim civitatem nescio quam, non enim nomen recolo, locasse apud tres artifices terna simulachra Musarum, quæ in templo Apollinis donum poneret, ut quisquis artificum pulchriora formasset, ab illo potissimum electa emeret. Itaque contigisse ut opera sua quoque illi artifices æque pulchra explicarent, & placuisse civitati omnes novem atque omnes emptas esse, ut in Apollinis Templo dedicarentur : quibus posteà dicit Hesiodum Poëtam imposuisse vocabula. Non ergo, &c.... S.-Aug. Lib. II. De Doctrinâ Christianâ, Chap. 17.

Si la partie supérieure du corps est découverte, tandis que l'inférieure est voilée, c'est pour indiquer que cette Vénus, cause universelle, mère des Dieux, étoit cependant regardée comme Vierge : qu'elle ne s'occupoit pas des plaisirs qui flattent les sens : qu'elle présidoit aux chastes Amours : & qu'on l'invoquoit pour qu'elle éloignât des humains ce qui pouvoit les couvrir de honte, pour qu'elle élevât leurs cœurs vers les choses honnêtes, & qu'elle réprimât en eux les desirs effrenés d'un amour terrestre. Avec quel art est traitée cette draperie légère que d'une main elle soutient ! Combien est pur le dessin du bras qui va s'y joindre ! Comme il est élégamment reployé, cet autre bras que ceint un brasselet & dont la main semble arranger sur la tête quelques ornemens ou l'une des boucles des cheveux ! Ces bras cependant ne sont pas un ouvrage antique, un Sculpteur moderne les a refaits ; mais ils sont si beaux & tellement d'accord avec la Statue que le *Cardinal Léopold de Médicis* qui l'a achetée à *Bologne*, ayant acquis de même les bras antiques que l'on a découverts depuis, par hazard, n'a pas voulu qu'on les replaçât, & s'est contenté de les garder dans son riche trésor.

Nous devons, sans doute, ici faire connoître cet Artiste habile, & puisque nous ne pouvons pas indiquer l'Auteur de la Statue, dont le nom nous est inconnu, conservons du moins celui du Sculpteur son rival qui l'a réparée. Ce Statuaire est *Alexandre Algarde* que Bologne a vu naître en 1602, & dont Rome, où il est mort en 1654, conserve les cendres dans l'Église des Saints Jean & Petronne, de la Nation Bolonoise. Né d'un père qui faisoit le commerce des Soies, il reçut les premiers principes du dessin dans l'école des *Carraches* : *Jules César Conventi* lui fit connoître ceux de la Sculpture, & ses premiers travaux furent pour le Duc de Mantoue, *Ferdinand*, qui les plaça dans son Palais. L'*Algarde* alla bientôt après se perfectionner à Rome, &, après avoir lutté contre les Anciens, en réparant leurs propres ouvrages, il devint leur rival par les siens ; le grouppe de Saint-Paul décollé chez les Barnabites de Bologne ; la Statue de Saint-Philippe de Néri, dans la Sacristie des Pères de l'Oratoire, & le bas relief admirable conservé dans la Basilique de Saint-Pierre à Rome, sont des témoins immortels de son sçavoir & de sa gloire comme Sculpteur. Comme Architecte, il acquit d'autres droits à l'admiration publique, & sans compter des monumens, des Autels, des façades d'Églises qu'il a construits : si la fameuse *Villa Pamphili* jouit du surnom de *Bel Respiro*, c'est grace à l'art avec lequel l'*Algarde* sçut distribuer les jardins & placer les fontaines : c'est grace à ses talens.

PLANCHE XXIX.

VÉNUS *VICTORIEUSE.*

La pomme, comme l'ont très-bien remarqué *les Auteurs de la defcription des Pierres gravées d'Orléans*, fut toujours regardée chez les Anciens comme l'emblème de l'Amour dont elle fembloit cacher quelques myftères, & ils en citent des preuves qu'ils tirent des meilleurs Hiftoriens de l'Antiquité, & des ouvrages des Poëtes de diverfes Nations. Parmi les Écrivains, dont ils prennent quelques paffages, on trouve *Longus.* Nous le citerons à notre tour en ce moment, non pour répéter ce qu'ont écrit MM. *le Blond & de la Chau* : nous évitons, autant qu'il eft en nous, de le faire ; mais nous ne voudrions pas laiffer échapper cette occafion favorable de prouver, par un extrait d'une traduction nouvelle (1) de cet Auteur, que notre langue, quoique fouvent *defféchée par l'efprit, ne perd les accens & les couleurs de l'innocente & fimple nature,* que lorfque ce n'eft pas l'ame qui dicte ce que l'on écrit. Voici le morceau dans lequel on reconnoîtra que le nouveau Traducteur a mieux faifi le vrai fens qu'*Amyot* dont on chérit tant la naïveté que l'on doit peut-être plus cependant à celle des mœurs de fon tems qu'à fon talent particulier.

« Dans ces lieux fe trouva un pommier fi bien dépouillé qu'il n'avoit plus
» ni feuilles ni fruit. Il n'avoit confervé, fur fa branche la plus élevée, qu'une
» feule pomme groffe, magnifique, & dont l'odeur étoit fupérieure à celle
» de toutes les pommes qu'ils (*Daphnis & Cloé*) avoient vues ; celui qui avoit
» cueilli les autres n'avoit pas ofé monter fi haut & l'avoit laiffée. Un
» Berger amoureux étoit fans doute deftiné à la cueillir.

» Daphnis ne l'eut pas plutôt apperçue, qu'il monta fur l'arbre pour la ravir,
» malgré tout ce que put faire Cloé pour l'arrêter ; la Bergère voyant fes
» avis méprifés, alla rejoindre fon troupeau ; mais Daphnis fit tant qu'il
» atteignit le haut de la branche & cueillit la pomme qu'elle portoit ; puis,
» en un inftant il courut fe préfenter à Cloé, en lui difant pour l'appaifer.
» *Chère amie, cette pomme que tu vois, la plus belle faifon de l'année l'a*
» *fait germer, ce bel arbre l'a nourrie, le Soleil l'a conduite à fa parfaite*
» *maturité, & la bonne fortune l'a confervée. Pouvois-je, après l'avoir vue,*
» *la laiffer où elle étoit ? Elle fut tombée par terre, les bêtes l'euffent foulée*

---

(1) On la trouve à Paris, chez *Moutard*, Hôtel de *Cluny*, rue des *Mathurins.*

» aux pieds, quelque serpent même, en rampant auprès d'elle, l'eut infectée de
» son venin, ou bien elle eut été la proie du tems, & l'œil seul eut eu le
» plaisir d'en jouir ; une pomme autrefois fut donnée à Vénus pour prix
» de sa beauté, je t'offre celle-ci pour prix de la tienne. Vénus & toi,
» vous aurez les mêmes Juges, Pâris étoit Berger, & moi je garde des chèvres.
» A ces mots il posa la pomme dans son sein, &, comme il s'étoit approché,
» Cloé lui donna le plus tendre baiser ; de sorte que Daphnis n'eut pas
» à se repentir de sa hardiesse, qui l'avoit fait s'exposer à monter si haut,
» puisqu'elle lui avoit valu un baiser plus précieux pour lui que n'eut été
» la pomme d'or ».

La fin de ce morceau nous ramène naturellement à notre figure : c'est cette pomme à laquelle Daphnis comparoit celle qu'il offroit à sa chère Cloé, cette pomme que Pâris avoit donnée pour prix à la beauté, que nous remarquons dans sa main, & dès-lors nous ne pouvons plus douter que ce ne soit la Déesse de la Beauté, *Vénus Victorieuse* de ses rivales, dont nous voyons l'image.

Le nom de *Victorieuse*, *Victrix*, ne paroît cependant pas à la plus grande partie des Sçavans avoir cette origine, & en effet, M. *Larcher* lui donne une étymologie fondée sur un passage de *Varron*, qui, faisant former tout ce que nous voyons de l'union du feu & de l'eau, fait naître, conséquemment, *Vénus* de l'écume de la Mer, parce qu'une semence ignée, tombée du Ciel dans les flots, causa cette union qui l'a produite ; du mot de *Vinctio*, qui exprime cette union, il dérive celui de *Victrix*, comme pour dire de *Vénus*, non pas qu'elle veut *vaincre* ; mais *lier & être liée*, *non quod vincere velit, sed quod vincire & vinciri ipsa*, & avec le même *Varron*, il étend cette étymologie au mot *Victoria*, comme exprimant les liens avec lesquels on attachoit les vaincus, *Victoria ab eo quod superati vinciuntur*.

Curieux d'épuiser la matière qu'il avoit entreprise de traiter, ce Sçavant ne s'en tient pas à cette étymologie du nom de *Victrix* donnée à *Vénus*. Il fouille dans les mines de l'Histoire, & il voit *Pompée* consacrer un Temple à *Venus Victrix*, ainsi nommée du nom même de la Victoire, & qui fut plus d'une fois invoquée, sur-tout par César, peu avant la bataille de Pharsale, afin d'obtenir le succès de ses armes. Plusieurs médailles antiques annoncent que souvent on entendit sous ce rapport le beau surnom qui nous occupe.

Au surplus, quelque soit sa véritable étymologie : que ce nom vienne de l'union productive des Êtres dont on fait Vénus mère, ou de son influence

sur

Traducteur. Ces derniers Amours étoient, disoit-on, enfans des Nymphes, & *Claudien* dans ses Vers exprime leurs diverses occupations, ainsi que celles de l'Amour *céleste* qu'on regardoit comme fils de Vénus :

> Armés d'un carquois d'or, jouant sur le rivage,
> Est un Essaim léger formé de mille Amours :
> Frères, on les connoît aux seuls traits du visage :
> Ils ont au même instant vû s'éclorre leurs jours :
> Des Nymphes ces Enfans ont reçu l'existence.
> Un autre Amour par-tout exerce sa puissance,
> Fils de Vénus, des Dieux le cœur est dans ses mains :
> Il règne en Souverain au séjour du Tonnerre,
> Et, content de frapper les Maîtres de la terre,
> Laisse aux autres blesser le reste des humains (1).

Longus, dans son charmant Roman de Daphnis, a peint à-peu-près de même le pouvoir du Dieu, dont voici la Statue. « L'Amour! fait-il dire par Philétas, » l'Amour ! C'est un Dieu jeune & beau. Il aime la jeunesse, il cherche la » beauté & donne des aîles aux ames. Quant à sa Puissance, elle est si grande, » que celle de Jupiter ne sçauroit l'égaler. Il commande aux Élémens, il com- » mande aux Astres, il commande même aux Dieux ses égaux. Vous n'avez » pas plus d'empire sur vos chèvres & sur vos brebis. Toutes les fleurs sont » l'ouvrage de l'Amour.... Par lui soufflent les vents & coulent les fleuves, &c.... »

C'est dans l'action d'essayer ses forces à tirer de l'arc, ou de lancer ses flèches vers les Dieux qu'il veut soumettre, que le Sculpteur a représenté ce petit

---

(1) *Mille pharetrati ludunt in margine fratres,*
Ore pares, ævo similes, gens mollis amorum,
Hos Nymphæ pariunt : istum Venus aurea Solum
Edidit. Ille Deos cœlumque & sidera cornu
Temperat, & summos dignatur figere Reges;
Hi plebem feriunt.

Claudian. *De Nuptiis Honorii.*

Dieu dans la Statue que nous avons sous les yeux. Elle est d'une médiocre grandeur ; mais d'une grande beauté. La tête tournée vers les Cieux, ce petit Dieu semble suivre de l'œil le trait qu'il vient de lancer : son bras gauche tendu tient le reste de l'arc, & le droit agréablement ployé indique, ainsi que le mouvement donné aux doigts, que la flèche ne fait que de partir. Les muscles du corps annoncent sa vigueur, mais ils ne sont pas prononcés de manière à détruire cette mollesse qu'exige l'âge du jeune Dieu. Le long de sa jambe gauche se voit un carquois posé contre un tronc qui est derrière l'Amour, & ce carquois, qui n'est pas encore épuisé, contient de ces flèches, dont Vénus, elle-même, dans *Moschus*, se plaint ainsi que son fils lui fasse sentir l'amertume :

> A son dos suspendu brille un petit carquois,
> Qui cache dans son sein des flèches meurtrières,
> Dont le méchant plus d'une fois
> Fit sentir à mon cœur les blessures amères (1).

PLANCHE XL.

L'AMOUR ET PSYCHÉ.

Pour peu que l'on ait d'amour pour les belles Antiquités & quelque connoissance de l'Art, on ne sçauroit rassasier sa vue du grouppe de l'*Amour* & de *Psyché* que conserve le *Museum de Florence*. C'est un chef-d'œuvre de l'un des plus habiles Statuaires de la Grèce, & cet ouvrage fait autant d'honneur

---

(1) Καί χρύσιον περὶ νωτα Φαρέτριον καὶ ἔνδοθι δ[ι]εντὶ
Τοὶ πικροὶ κάλαμοι, τοῖς πολλάκι κ'αμὲ τιτρώσκει.

Parva pharetra olli dependet & aurea tergo ;
Sunt & amari intùs calami, quibus ille protervus,
Me quoque sæpe ferit.

Moschus. *de amore fugitivo.*

à fon génie qu'à fes talens. Rien n'étoit plus difficile à rendre que le fentiment qui devoit éclater dans les têtes : rien de moins aifé que de leur donner toute la fineffe & tout le fini qu'elles devoient avoir, dans la pofition fur-tout où elles font placées, & dans les rapprochemens où elles fe trouvent ; tout y eft cependant exquis ; les yeux des deux amans fe regardent fi bien, ils femblent dire tant de chofes : ces bouches entrouvertes paroiffent fi heureufement fe communiquer leur douce haleine & de tendres aveux : le defir & l'amour font tellement exprimés dans toute la figure : on croiroit fi aifément qu'un premier baifer va être fuivi de mille autres, que l'on ne peut regarder ce beau grouppe que comme un prodige de l'art que voudroit revendiquer la Nature.

La fable de l'*Amour* & de *Pfyché* eft certainement bien ancienne, & nous la voyons confacrée par un grand nombre de monumens antiques ; *Apulée* cependant eft le premier Écrivain dans les ouvrages de qui l'on retrouve cette fable charmante. Il s'eft plû, fans doute, à l'embellir, & les détails dont il l'a accompagnée n'ont fait que rendre plus difficile à faifir le fens véritable de fon allégorie. Après l'avoir rapportée en peu de mots, nous rappellerons à nos Lecteurs les différentes opinions de ceux qui ont voulu l'interpréter.

Il y avoit dans une certaine Ville, dit *Apulée*, un Roi & une Reine qui avoient trois filles, toutes trois remarquables par leur beauté. Les deux aînées n'avoient cependant que des charmes, tels qu'on peut les admirer dans les plus beaux corps qu'ait produits la Nature ; mais il n'étoit pas d'expreffion qui pût rendre la beauté parfaite de la plus jeune. De tous côtés on accouroit pour la voir, & l'on ne pouvoit exprimer la fenfation qu'elle faifoit éprouver, qu'en approchant la main droite de fa bouche, & en donnant ainfi le figne de l'adoration qu'on lui rendoit comme à Vénus. Les Villes les plus proches & les peuples voifins croyoient déjà que la Déeffe de la Beauté, née de l'écume de la Mer, ne dédaignoit point d'habiter avec les hommes, ou qu'au moins une autre Vénus étoit fortie comme une fleur vierge & brillante du fein de la terre fécondée par un germe divin, ainfi que la première étoit fortie des eaux. Cette opinion fe répandit bientôt de toutes parts ; Paphos, Cnyde, Cythère étoient abandonnés. Le culte de Vénus étoit négligé : fes Temples, fes Statues fans guirlandes & fans couronnes : & fes Autels étoient fouillés des cendres froides de fes anciennes victimes. Tous les honneurs, tous les hommages s'adreſſoient à la jeune mortelle. Indignée, Vénus agite, en frémiſſant, la tête: voilà donc, ſe dit-elle à elle-même, voilà donc la mère de la Nature, la ſource des élémens, la génératrice de l'Univers rivaliſée par une ſimple mortelle! Mon nom révéré dans les Cieux ſera profané par les humains! A ma place on adorera ma rivale! Ce Berger applaudi par Jupiter aura donc envain en ma faveur prononcé le jugement de la Beauté. Ah! toujours elle ne ſe réjouira pas de ſa victoire: elle ſe repentira, je le jure, d'avoir eu ces outrageans attraits. Auſſi-tôt elle appelle ſon fils, ce petit téméraire ailé, qui ſans ceſſe armé de flâmmes & de flèches, au mépris des mœurs publiques, errant pendant les nuits, cherche à ſouiller la couche des époux, & n'eſt preſque connu que par les maux qu'il fait & les crimes qu'il engendre. Cupidon ſe plaît à ces coups: elle l'excite encore: elle le conduit à la Ville où régnoit *Pſyché*, elle la lui montre, & après lui avoir avec indignation raconté les honneurs uſurpés qu'on lui rend, c'eſt au nom de l'Amour filial, c'eſt par les bleſſures de ſes traits, c'eſt par l'embrâſement que cauſe ſon flambeau qu'elle le prie: venge-toi, lui dit-elle, en me vengant, & que ta vengeance ſoit parfaite: fais brûler le cœur de cette vile mortelle d'une flâmme dévorante: qu'elle aime un de ces hommes infâmes & malheureux qui l'aviliſſent encore. Elle dit, & d'un pied léger foulant les roſes du rivage de la Mer, elle traverſe les eaux ſur ſa conque divine, entourée des Tritons & des Néréides. Cependant *Pſyché* ne retiroit de ſes charmes aucun avantage, on admiroit ſes formes divines; mais perſonne ne demandoit ſa main: ſes deux ſœurs goûtoient depuis long-tems les douceurs de l'Hyménée, tandis que, ſeule, dans le Palais, elle pleure ſa ſolitude, & ſe voit réduite à déteſter des appas qu'on ne fait qu'adorer. Touchée de ſa peine, & ſoupçonnant la haine des Dieux, ſon père va conſulter l'antique oracle de Milet. Expoſez, répond le Dieu, ſur le ſommet d'un rocher, *Pſyché* que vous parerez d'ornemens funèbres; n'eſpérez point que jamais votre fille épouſe un mortel. Son époux ſera un monſtre féroce & terrible, qui, porté par des aîles au-deſſus des nuës, pénètre dans l'Olympe, tourmente toutes les Dieux, frappe du fer & brûle avec les flâmmes, épouvante Jupiter, effraie les Divinités des eaux & fait trembler juſqu'à celles du Styx. Le père de *Pſyché* voit à l'inſtant s'évanouir ſon bonheur, il découvre le cruel arrêt: les parens conſternés fondent en larmes, ſe plaignent de la rigueur du Ciel; mais ils obéiſſent. On prépare la pompe funèbre de ces nôces malheureuſes, le flambeau nuptial ne jette qu'une lumière fuligineuſe: la flûte prend le mode Lydien: un triſte gémiſſement termine les chants d'Hyménée; & *Pſyché* de ſon propre voile eſſuie ſes larmes. La douleur de toute la famille est partagée par le peuple : la Ville ordonne que l'on fufpende la Juftice : enfin il faut fe foumettre à l'ordre des Dieux. Le convoi funèbre de cette époufe, vivante encore, fe met en marche, & *Pfyché* toute en pleurs affifte à fes propres funérailles : elle encourage pourtant fes parens & fuit avec une noble fierté le peuple qui la conduit jufqu'au rocher fatal.

 Pfyché délaiffée, tremblante, s'abandonne à la douleur ; mais le zéphir fe gliffant fous fon vêtement, la foulève de fa molle haleine & la tranfporte fur fes ailes légères dans une vallée profonde, où il la dépofe mollement fur un gazon tendre & couvert de fleurs. Là elle s'endort. Après un paifible fommeil, elle s'éveille avec l'ame calme & tranquille. Autour d'elle tout l'étonne. Elle fe voit dans un vafte Palais que des mains immortelles ont pu feules conftruire : c'eft une habitation digne des Dieux : le cèdre & l'yvoire y font enrichis de lames d'or : les murs font couverts de bas-reliefs d'argent fur lefquels on voit des animaux de toute efpèce, que l'art feule d'une Divinité a pu fi bien exprimer. Les diamans, les pierreries jettent le plus vif éclat, & l'on ne marche que fur des mofaïques admirables : le goût dans les moindres détails s'unit à la magnificence. Tandis qu'elle admire fa nouvelle demeure, des voix fe font entendre : elle ne voit perfonne & de tous côtés on la félicite, on lui demande fes ordres. Un repas abondant & fin eft fervi, les mets les plus délicats, les vins les plus exquis font offerts : le Palais retentit du bruit des inftrumens & des accords harmonieux d'une Mufique célefte, enfin au fein des voluptés, la nuit étant venue, la belle *Pfyché* cède au befoin du repos : à peine eft-elle fur fon lit, qu'une voix plus intéreffante que toutes les autres vient frapper fes oreilles. L'idée de fon trifte Hymen fe préfente : un trouble fecret l'agite : elle craint fans fçavoir ce qu'elle craint, & tous les maux lui femblent plus doux qu'un mal qu'elle ignore. Cependant l'époux inconnu de cette Belle arrive, il en fait fa femme & difparoît avant le jour.... Les parens de *Pfyché* fe confumoient de douleur : fes fœurs venoient tous les jours apporter leurs larmes au pied du rocher où elle avoit été expofée. Leurs plaintes & leurs tendres gémiffemens font rendus par les échos : *Pfyché* veut confoler fa malheureufe famille : elle en parle à fon époux : il l'avoit averti des plaintes futures de fes fœurs, il lui avoit prédit les maux qu'elle attireroit fur elle fi elle leur découvroit fon bonheur ; mais il eft fi doux de dire que l'on eft heureux ! Sa folitude étoit fi grande ! quelques tendres que fuffent les baifers de fon époux, ne pas connoître celui qui les donne, eft un fi grand tourment ! *Pfyché*, preffe donc ce cher époux, elle le couvre tant de careffes, elle exprime fi vivement fon defir, que, vaincu par fa beauté, par fes pleurs, il cède en lui faifant promettre cependant qu'elle ne chercheroit jamais à le voir quand fes fœurs lui en donneroient le confeil perfide. *Pfyché* tranfportée de joie promet tout, elle donne de nouveaux baifers à fon époux : elle lui jure l'amour le plus confiant & le plus vif; tu es ma vie, lui dit-elle, mon exiftence m'eft moins chère qu'à toi, & je te préfère à Cupidon lui-même; puifque tu confens à mes defirs, accordes-moi cette grace encore, que ton efclave le Zéphire qui m'a portée dans ces lieux y tranfporte aufli mes fœurs, & cette demande eft accompagnée de petits mots fi doux, de baifers fi brûlans, de careffes fi tendres, que le trop indulgent époux promet tout à fon tour, & difparoît avant le jour.

Le Zéphire tranfporte donc les fœurs de *Pfyché* dans fa délicieufe retraite : mille fois leurs bras s'entrelaflent, leurs pleurs s'arrêtent, puis il en coule d'autres que la joie fait répandre. On parcourt enfuite le Palais. Éblouies de la magnificence de ces lieux, quel eft donc votre époux, lui demandent-elles ? C'eft un jeune homme dont un léger duvet ombrage à peine les joues, répondit *Pfyché*, fidèle à la promeffe qu'elle avoit faite : la chaffe fait fon unique occupation; &, craignant d'être trop foible, elle les renvoie bientôt avec des préfens magnifiques. La jaloufie rongeoit déjà les cœurs de ces fœurs envieufes : les hommes l'avoient adorée comme une Déeffe, fe difent-elles, un Dieu l'affocie fûrement à fa couche : déjà les vents entendent fes ordres : il faut la perdre. Les perfides reviennent, quel eft donc votre époux, lui demandent-elles encore ? A qui devez-vous ce fruit précieux que contient votre fein : l'heureux enfant ! Comme il fera fêté par fa mère ! Comme nous le careflerons ! Oh ! s'il reffemble par les attraits à ceux qui lui donnent le jour, ce fera un autre Cupidon ; ne nous laiffez pas plus long tems ignorer quel eft fon père. *Pfyché* ne fe reffouvenant plus de fa première réponfe, le repréfente fous des traits bien différens de ceux fous lefquels elle l'avoit déjà peint. C'eft un homme mûr, leur dit-elle, il a fait le commerce le plus étendu, & quelques cheveux blancs commencent à fe mêler à ceux qui couvrent fa tête. Frappées de cette réponfe, les fœurs convaincues que *Pfyché* n'a pas vu fon époux, veulent le lui faire avouer à elle-même, & fe fervir contre elle de fon propre aveu. Bientôt une Fable eft tiffue, il eft de leur devoir de l'avertir du danger dont elle eft menacée ; elles lui rappellent les réponfes de l'Oracle ; elles lui difent que cet époux, qu'elle ne connoiffoit fûrement pas, étoit un monftre ; que c'étoit certainement un affreux ferpent que l'on voyoit tous les jours aux pieds du rocher ; qu'il infectoit les champs du venin de fon fouffle, & fouilloit les eaux du fleuve voisin; que les habitans des campagnes & les Pasteurs en étoient effrayés; qu'il n'attendoit, sans doute, que le moment où elle deviendroit mère pour dévorer le fruit de ses entrailles, & qu'elle-même tôt ou tard deviendroit la victime de sa férocité. Allarmée par cette peinture, la crédule *Psyché* se rappelle & découvre les défenses de son époux qui lui avoit fait promettre de ne jamais chercher à le voir : enhardies, ses sœurs lui offrent leur protection : elles lui offrent une lampe pour le voir quand il seroit endormi, un poignard pour le percer. *Psyché* reçoit ces funestes présens, & son cœur devient agité par leurs conseils, plus cruellement que par les furies. Elle ne sçait ce qu'elle doit faire : un combat s'élève dans son cœur, & la crainte des malheurs annoncés par son époux y lutte contre celle que venoient d'y faire éclore ceux que ses sœurs avoient feint devoir lui prédire. Cependant le soir arrive, suivra-t-elle le conseil de ses sœurs ? Obéira-t-elle aux défenses de son époux : elle veut, elle ne veut point : tout-à-la-fois, dans le même objet, elle craint le monstre, elle chérit l'époux. Enfin, quand la nuit est venue, cet époux se présente, jouit & s'endort : alors *Psyché*, quoique timide & foible, trouve des forces dans son cruel destin, & prenant d'une main la lampe qu'elle avoit cachée & de l'autre le poignard, elle s'avance; mais à peine la lumière a-t-elle frappé de ses rayons le lit qui porte son époux, tout le secret se découvre, elle voit l'Amour, l'Amour lui-même, ce Dieu charmant dans la plus séduisante attitude; la lampe semble de ses feux accroître son éclat, & le poignard se repentir d'avoir un tranchant. A ce spectacle *Psyché* pâlit, ses genoux fléchissent : elle veut cacher le fer qu'elle porte & le cacher dans son sein; mais le fer lui échappe. Cependant plus elle contemple le divin objet qu'elle a sous les yeux, plus ses forces se raniment : elle admire sa tête ornée d'une blonde chevelure qui exhale l'ambroisie, & dont les boucles errantes retombent négligemment sur un cou plus blanc que le lait & sur deux joues empourprées : elle voit aux épaules du jeune Dieu des aîles dont les plumes légères brillent comme les diamans de rosée que porte au matin le sommet des fleurs : elle remarque à leur extrémité un mouvement, un jeu involontaire. Tout son corps est brillant de jeunesse & de beauté : telle enfin que Vénus ne rougiroit pas de l'avoir porté dans son sein. Au pied du lit sont ses armes, son arc, son carquois & ses flèches. La curiosité tente *Psyché* : elle tire une flèche du carquois, de son doigt elle en approche la pointe : & sa main mal assurée la fait pénétrer trop avant : une goutte de son sang de rose sort aussi-tôt de sa peau. A l'instant la passion la plus vive s'empare de tous ses sens; courbée sur son époux, la bouche

entrouverte elle brûle de defirs: prodigue des plus tendres baifers elle parcourt tout fon corps de fes lèvres embrâfées & ne redoute que d'abréger fon fommeil. Pendant qu'elle s'abandonne ainfi aux tranfports ardens de fon ame égarée, foit jaloufie, foit peut-être amour & envie de toucher ce beau corps, la lampe s'incline & fait tomber une goutte de fon huile enflâmmée fur l'épaule droite du Dieu. L'Amour fe réveille & s'envole, *Pfyché* n'a que le tems de faifir fon pied: elle s'y attache, eft portée dans les airs; mais enfin perdant tout à fait fes forces, elle tombe à terre. Son époux ne laiffe pas fon amante abandonnée: il s'abbat un inftant fur un cyprès voifin, & lui dit avec émotion: « *Pfyché*, trop
» fimple & trop crédule, j'avois, pour vous, oublié les ordres de ma mère: chargé
» par elle de vous livrer au plus vil des hommes, je me fuis fait moi-même
» votre époux: moi qui de mes flèches bleffe tous les cœurs, je me fuis percé
» de mes traits & j'ai partagé votre couche pour que vous me regardiez comme
» un monftre & que vous tentiez abattre avec un glaive cette tête où font
» placés des yeux qui ne voyent que vous. Dans les doux épanchemens de
» mon cœur je vous avois défendu votre curiofité criminelle, je vous avois
» avertie de tous vos maux fi vous l'écoutiez. Vos belles confeillères vont payer
» leur noire perfidie: pour vous, ma fuite feule, fera votre punition ». A ces mots, il s'élève avec rapidité dans les airs. *Pfyché*, renverfée fur le gazon, le fuit des yeux tant qu'ils peuvent l'appercevoir; mais quand l'efpace l'eut fait difparoître, n'écoutant plus que fon défefpoir, elle court fe précipiter dans les eaux du fleuve fur les bords duquel elle fe trouve. Le fleuve par refpect pour le Dieu dont tous les élémens fentent la puiffance, la foutient mollement fur la furface de fes eaux & la pouffe doucement fur fa rive fleurie. Là, par hazard l'agrefte Amant de Syrinx montroit à fon amie l'art d'enfler les chalumaux, & près de lui fes chèvres fautillantes tondoient en broutant l'herbe odorante qui fervoit comme de chevelure au fleuve. « Jeune fille, dit à *Pfyché* le
» Dieu-Pafteur, écoutez mes avis; je fuis fimple habitant des campagnes, &
» mon occupation eft de conduire des troupeaux; mais de longues années ont
» fait murir mon expérience. Si donc j'en juge bien, à votre marche incertaine,
» à vos foupirs entrecoupés, à cette pâleur répandue fur tout votre corps, aux
» larmes qui tombent de vos yeux, l'Amour vous tourmente. Croyez-moi, ne
» tentez plus de vous arracher la vie: féchez ces pleurs: banniffez cette trifteffe:
» penfez plutôt à fléchir Cupidon, le plus puiffant des Dieux, par vos prières, &
» méritez fes bontés par des hommages fi tendres, qu'ils le captivent comme un
» jeune voluptueux ». *Pfyché* écoute le Dieu, ne peut répondre, adore en fecret

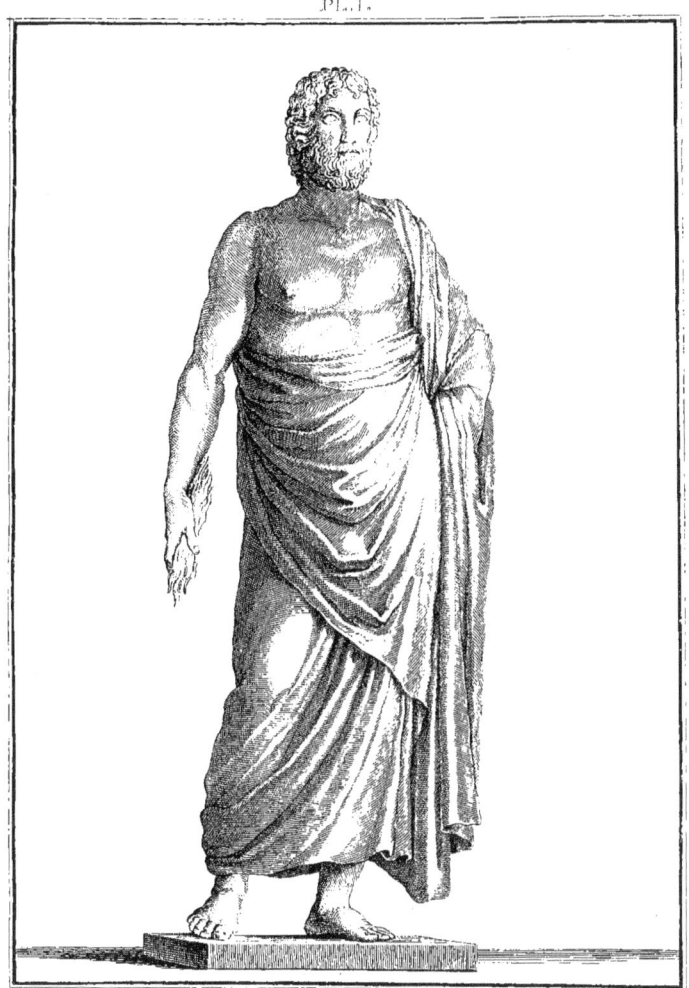

JUPITER.

II.

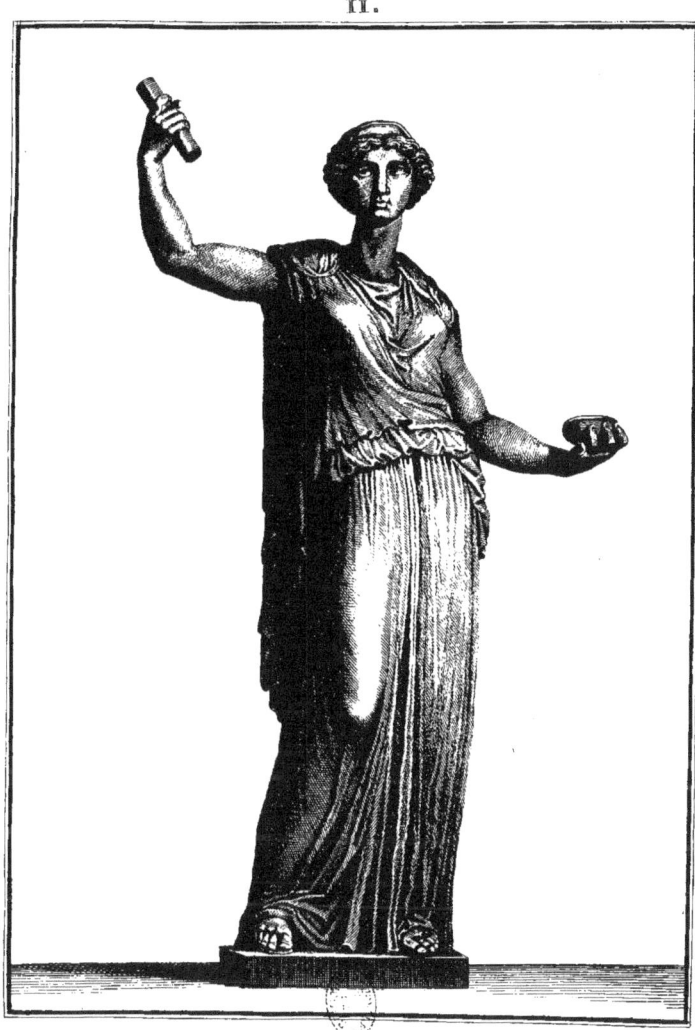

JUNON.

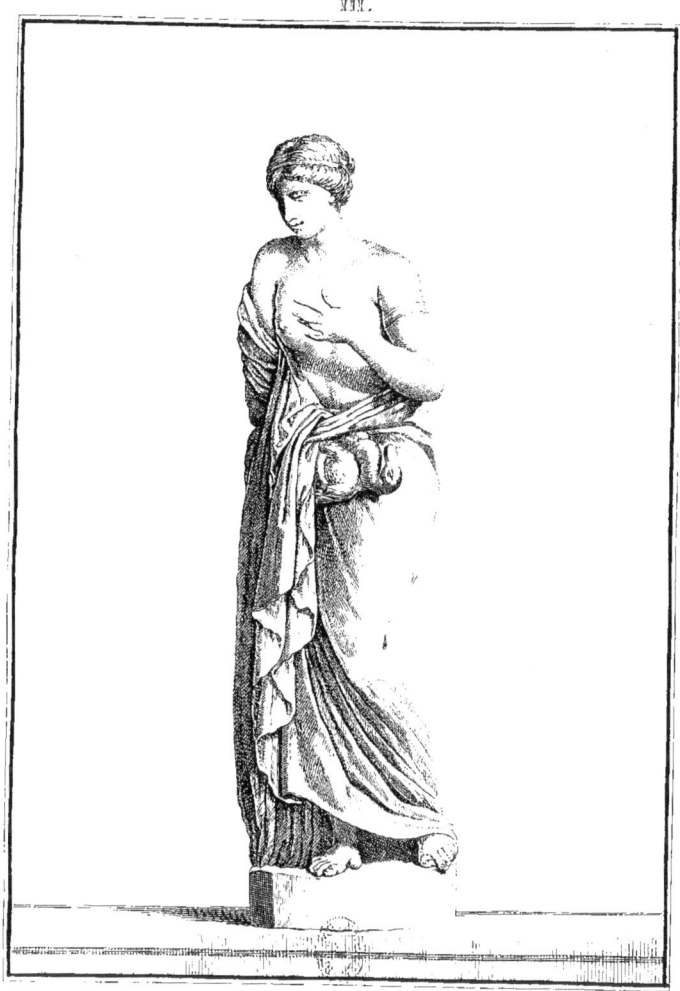

LÉDA.

IV.

LÉDA.

V.

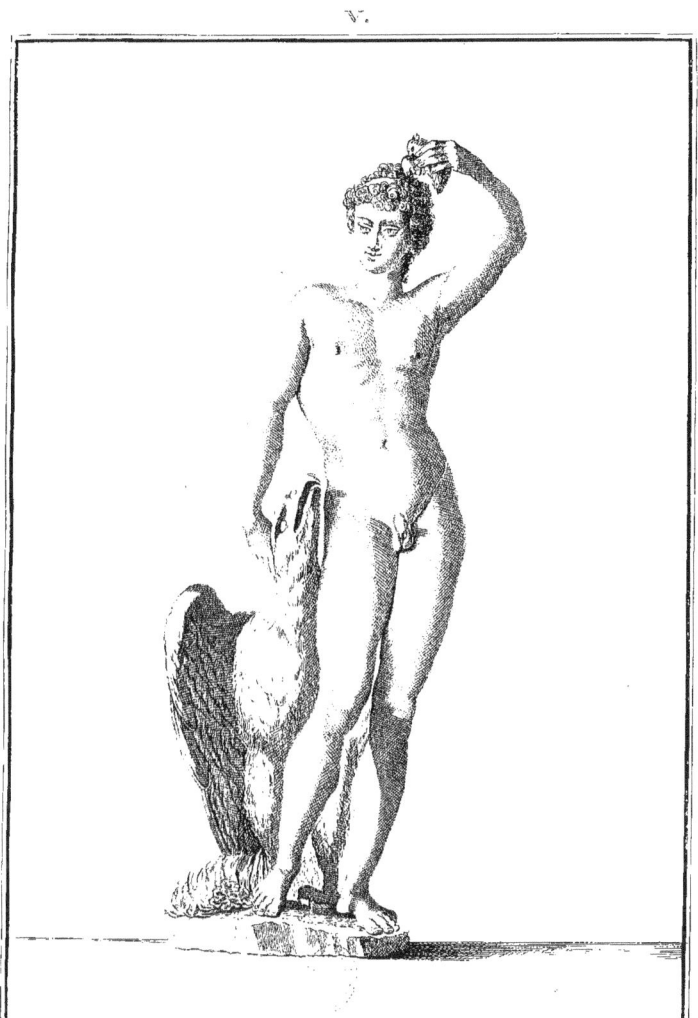

GANYMEDE.

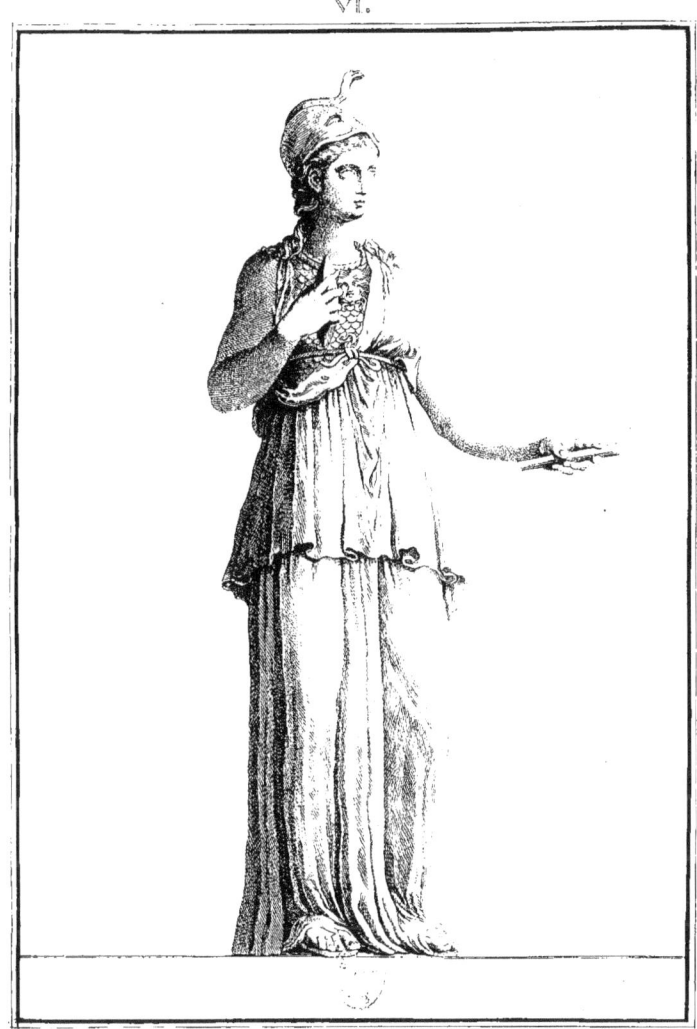

MINERVE Ergané.

VII.

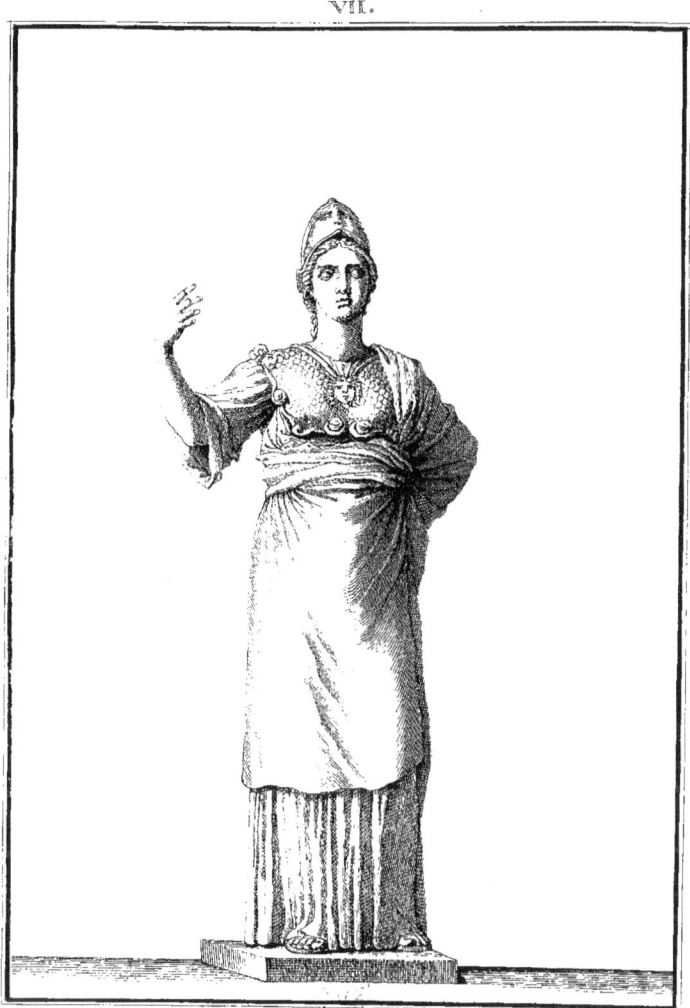

MINERVE. Callimorphos.

VIII.

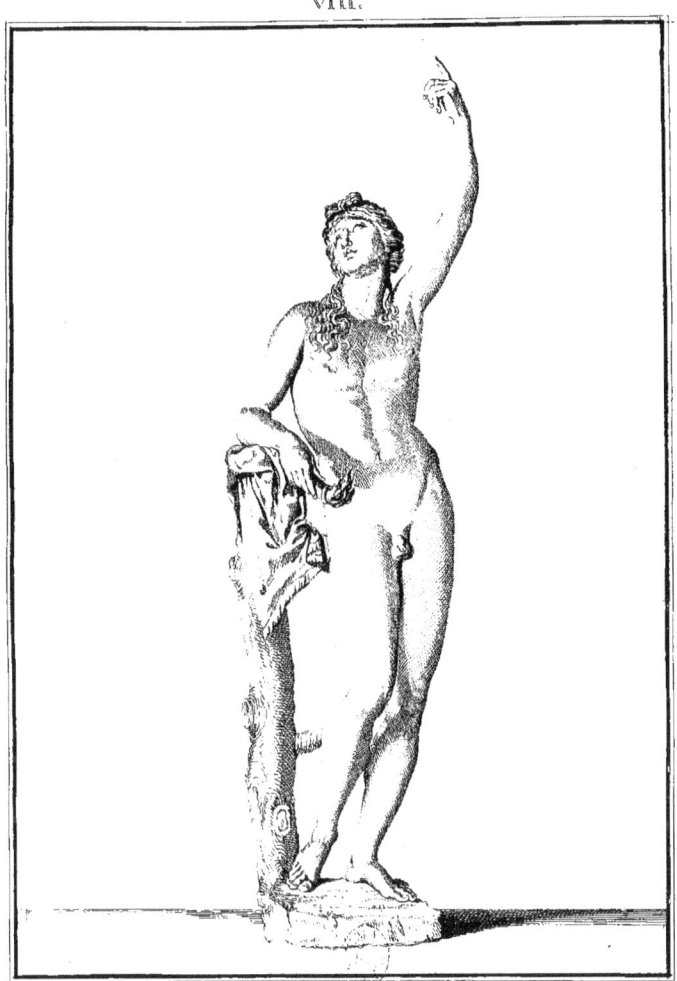

APOLLON. Coelispex.

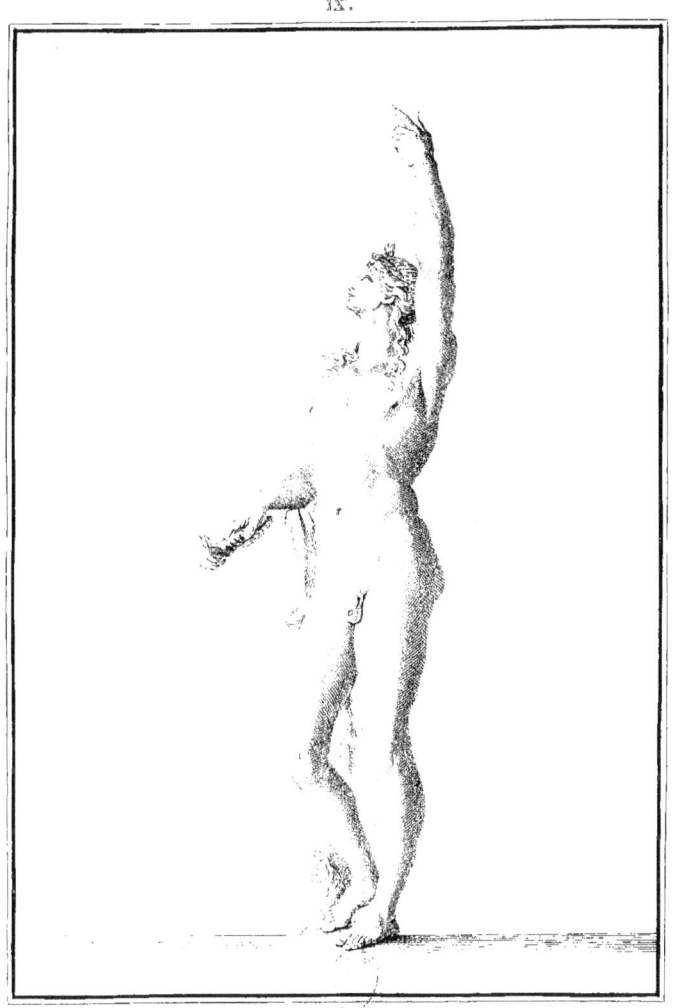

APOLLON. Cœlispex.

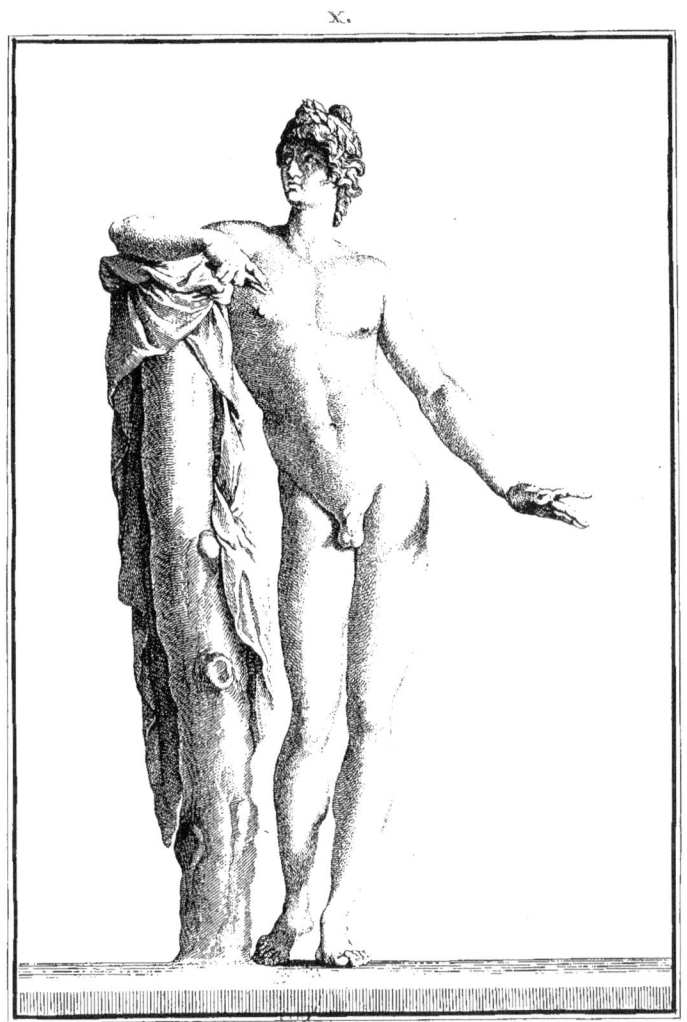

APOLLON. Invictus.

XI.

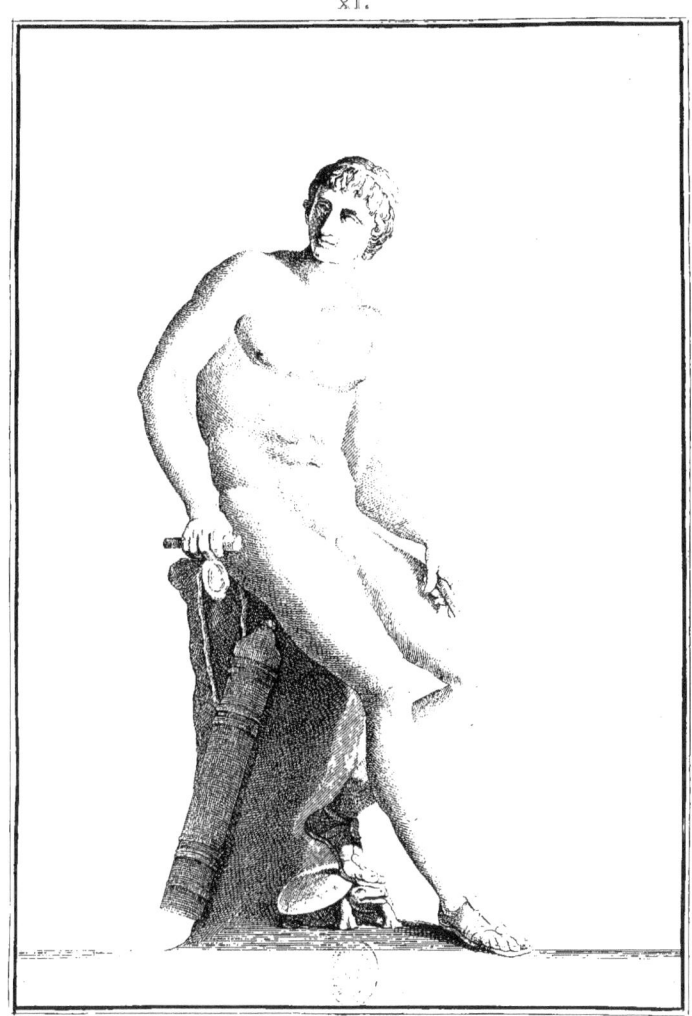

APOLLON, Inventeur de la Musique.

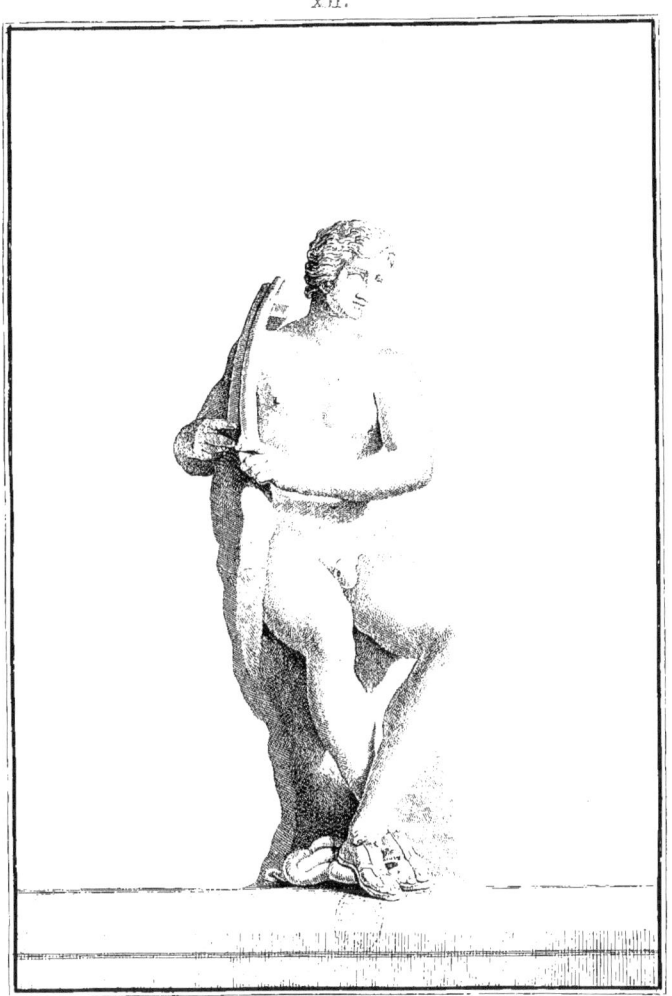

APOLLON. Pythien.

XIII.

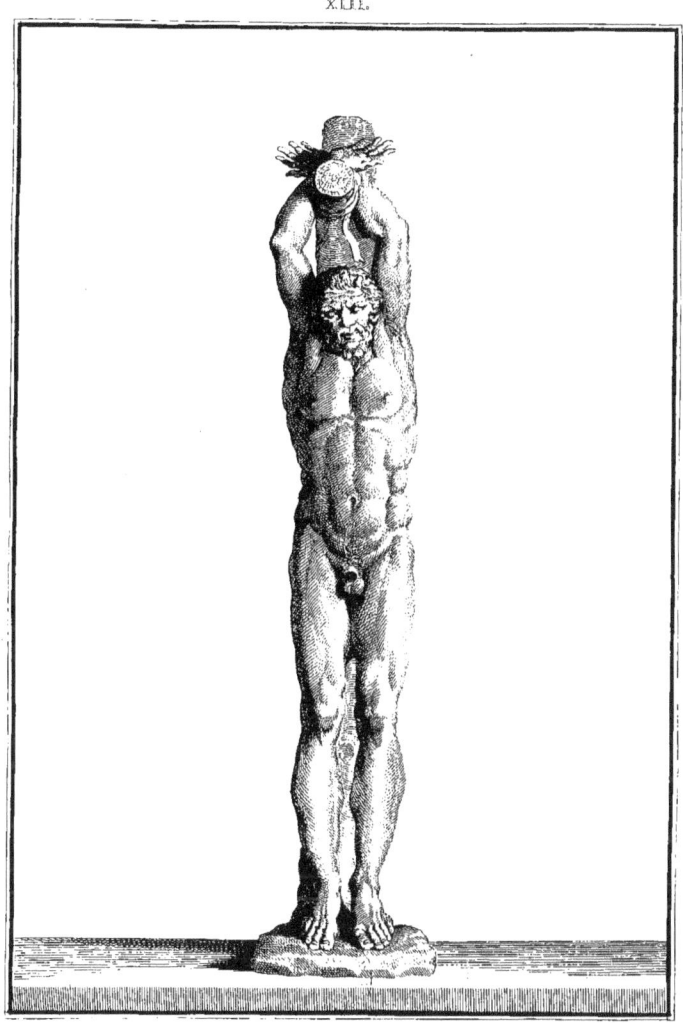

MARSYAS.

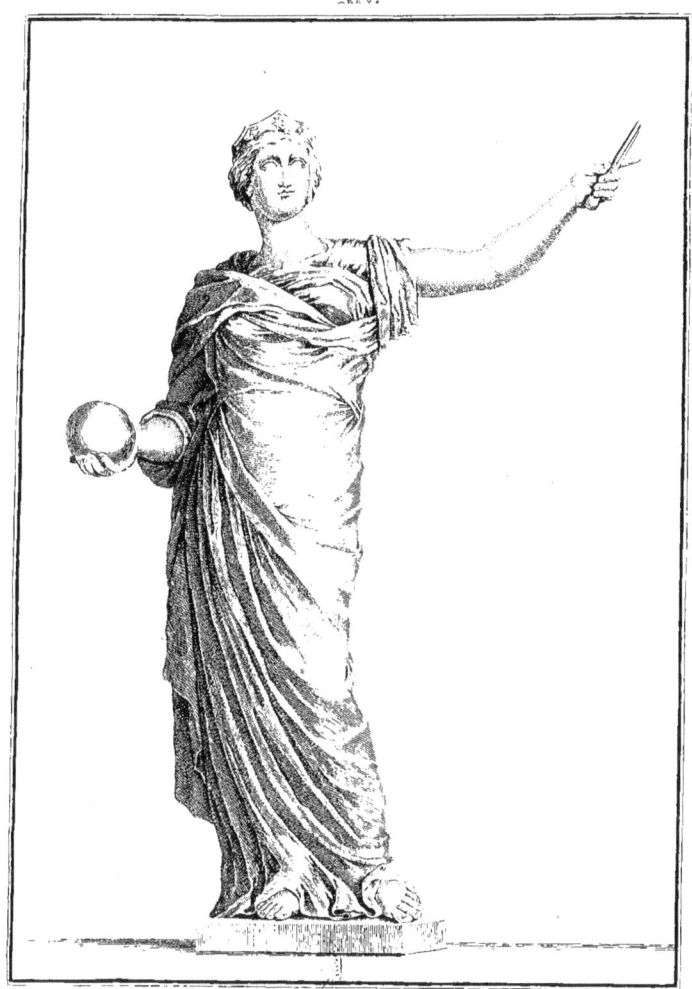

URANIE.

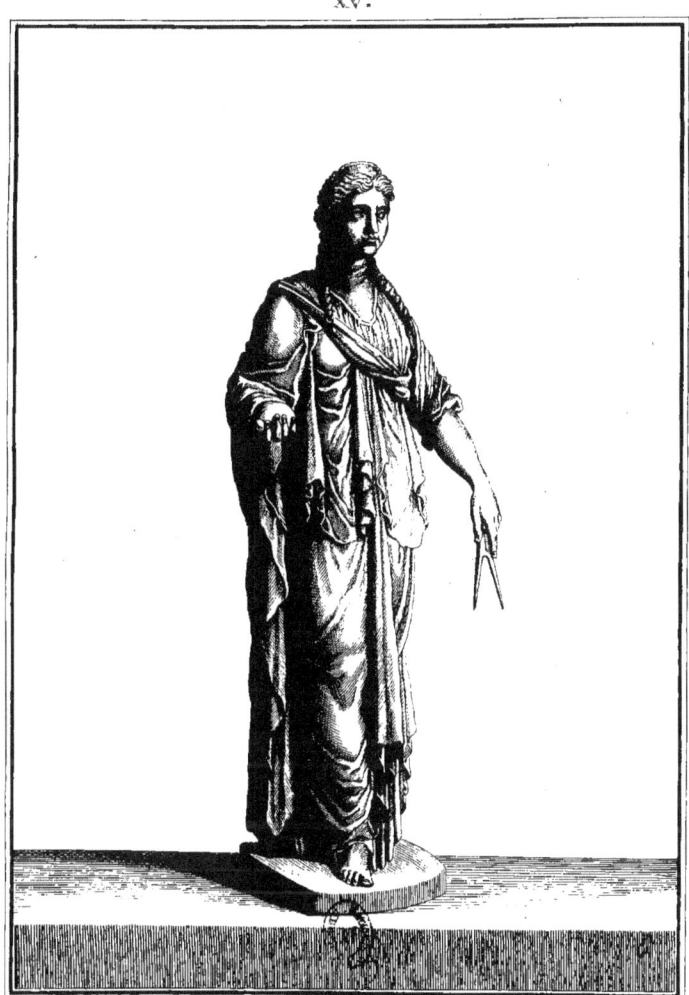

URANIE.

XVI.

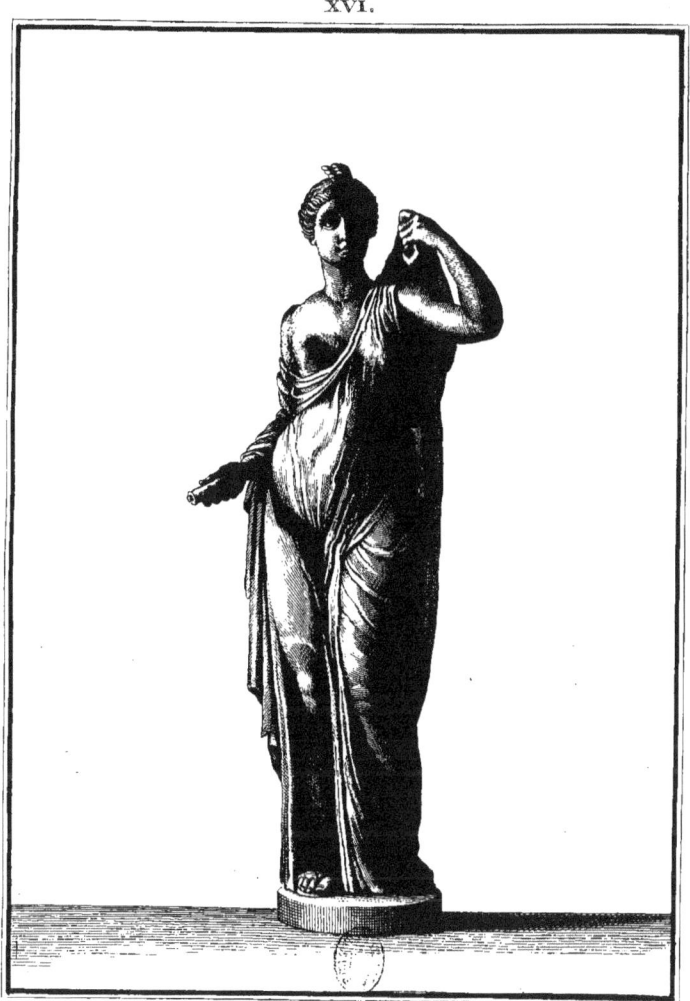

EUTERPE.

XVII.

EUTERPE.

XVIII

CLIO.

XIX.

DIANE. Venatrix.

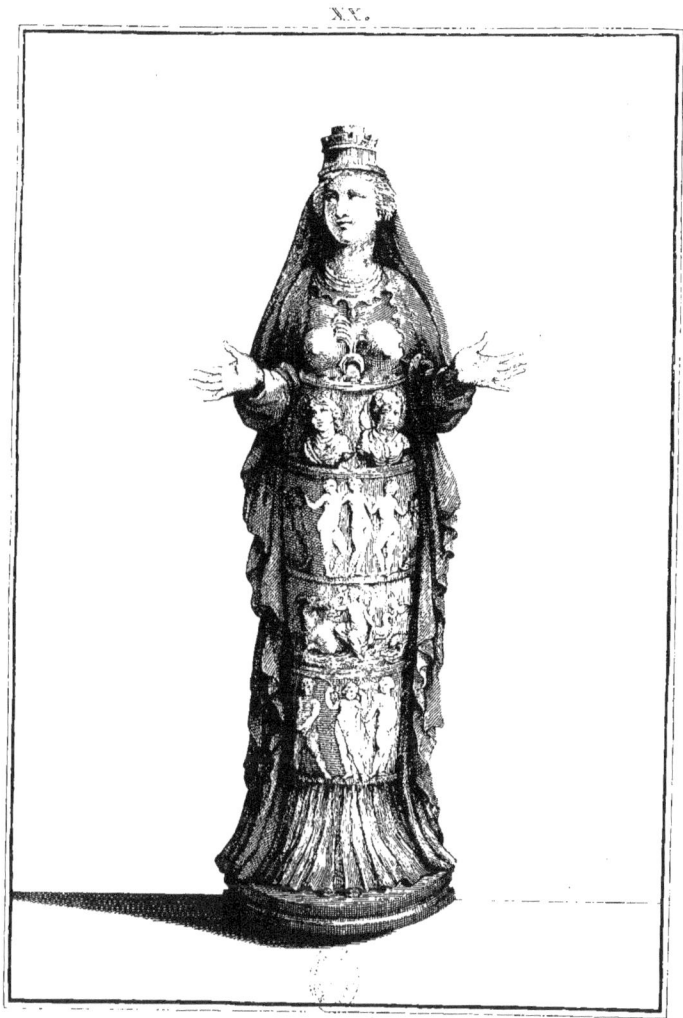

DIANE D'EPHÈSE.

XXI.

ENDIMION.

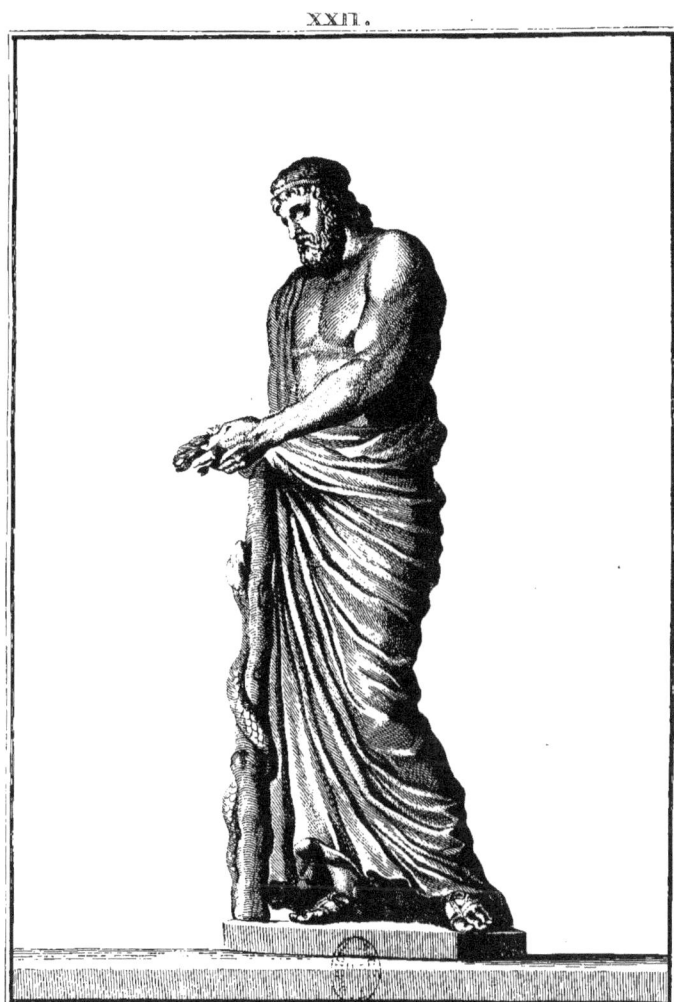

ESCULAPE.

XXIII.

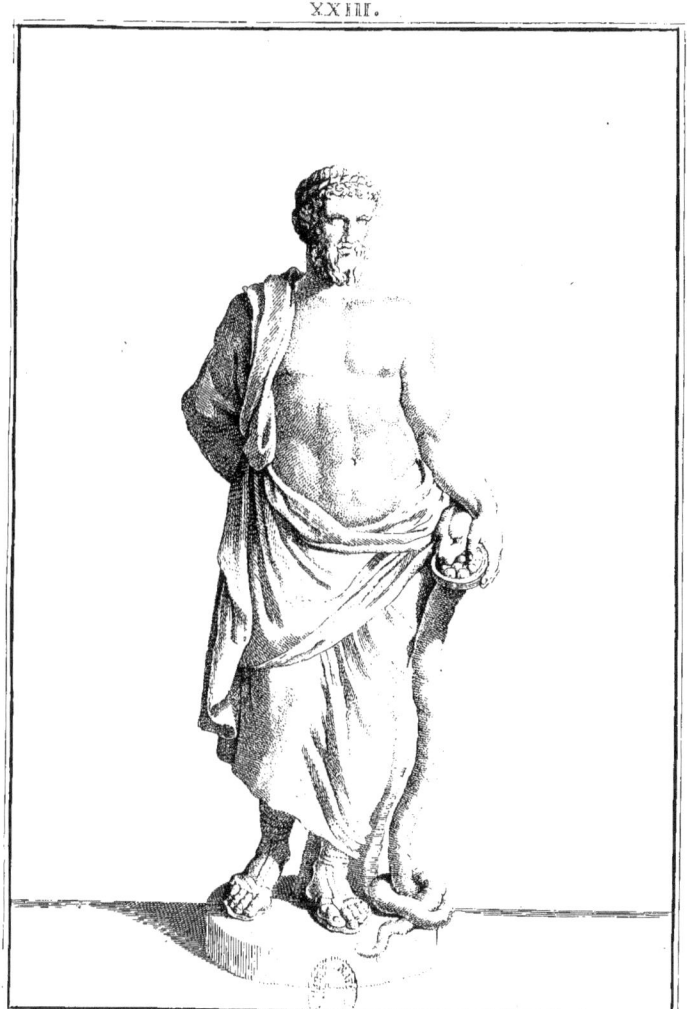

ESCULAPE.

XXIV.

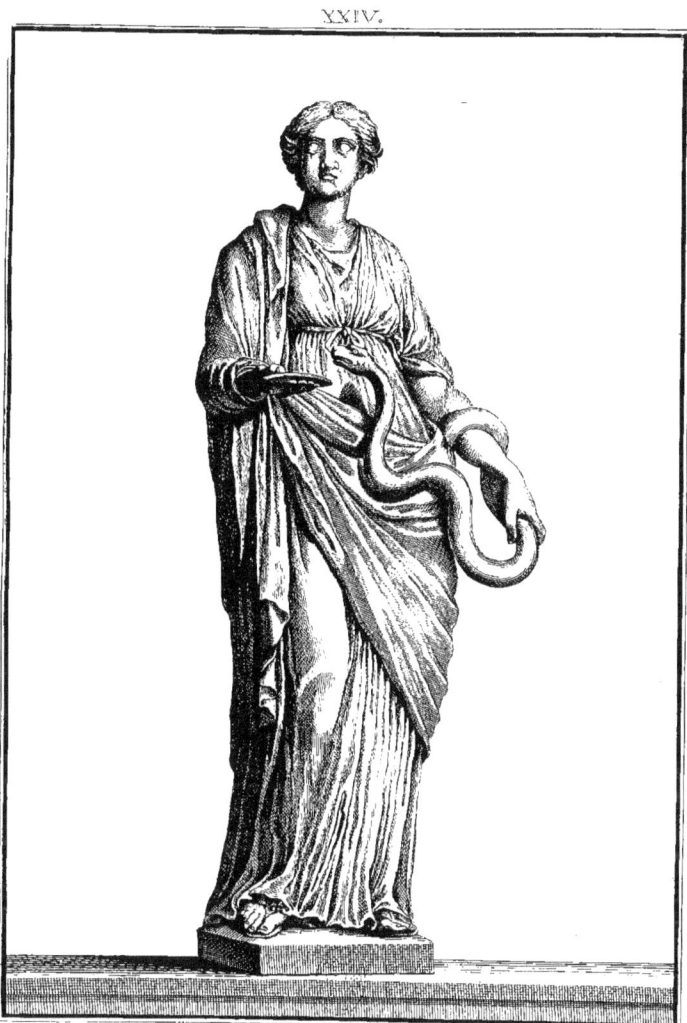

HYGIE.

XXV.

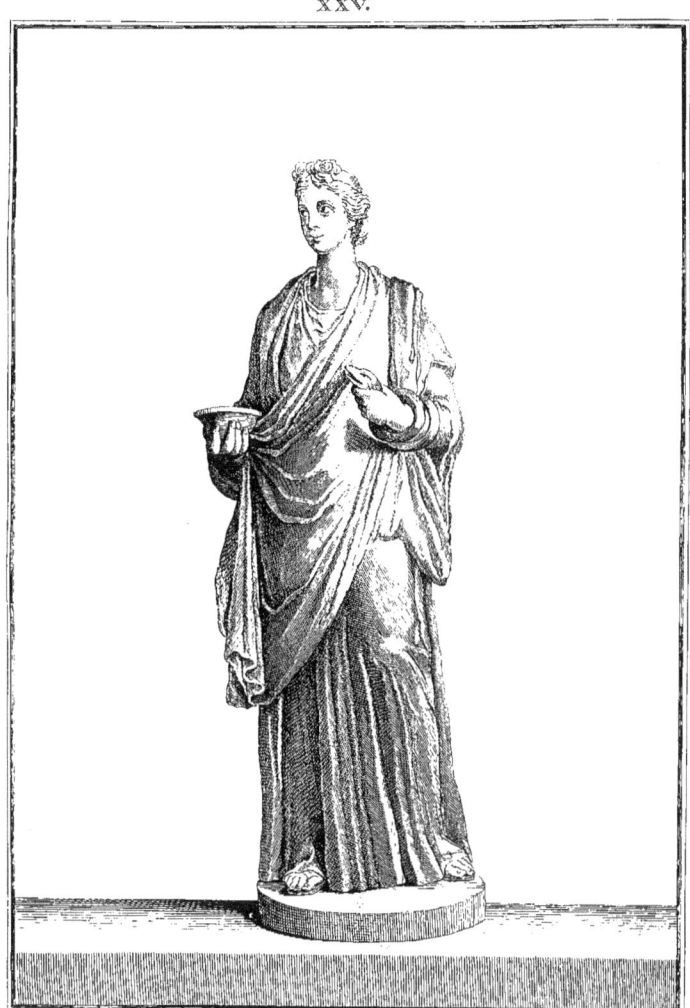

HYGIE.

XXVI.

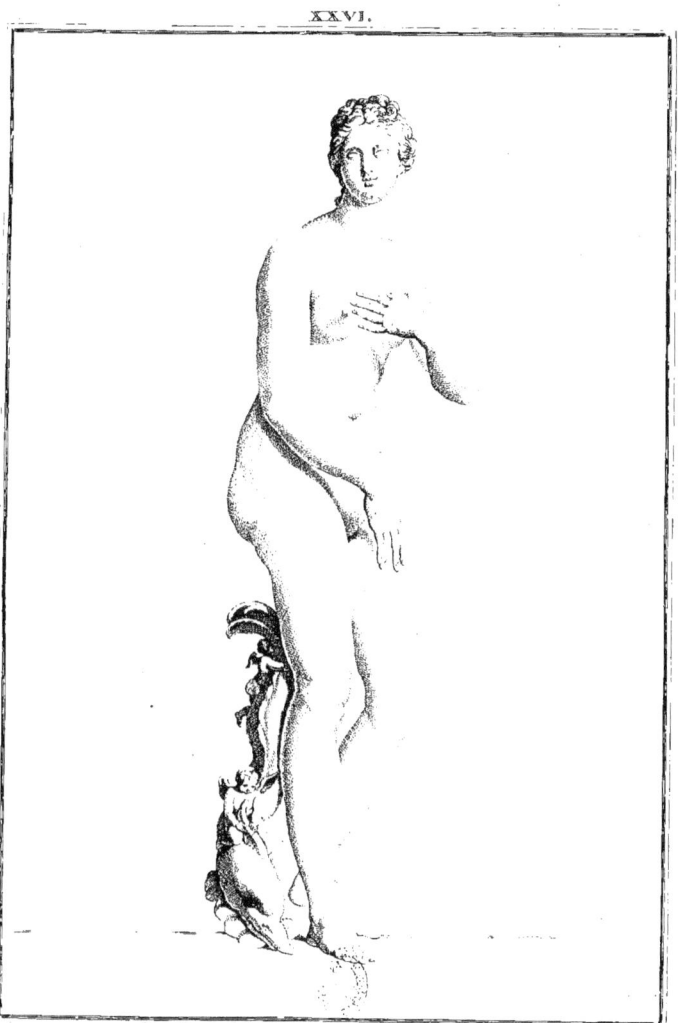

VENUS.

XXVII.

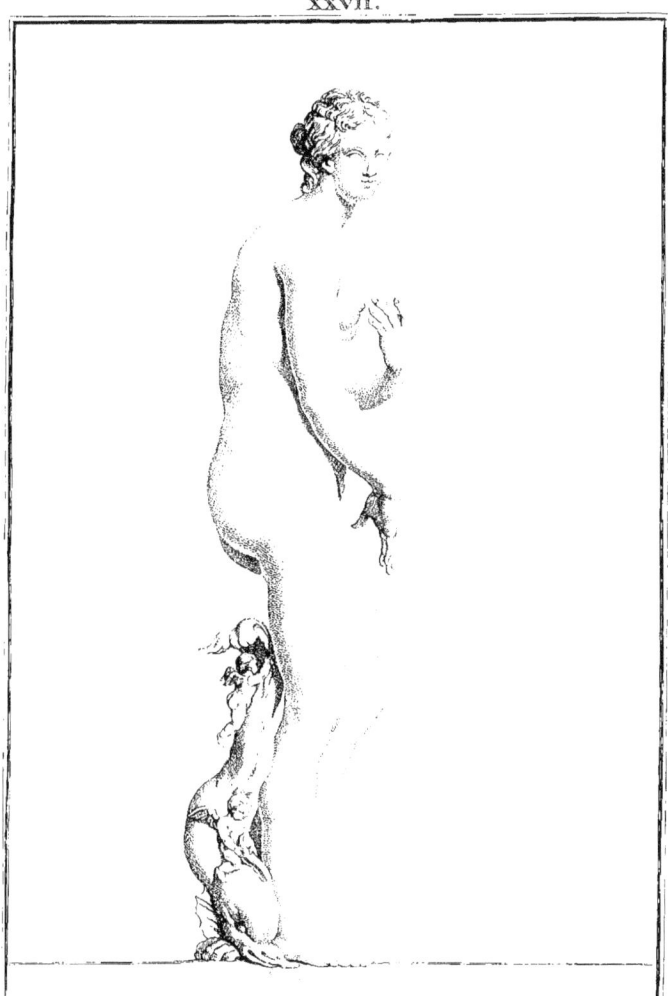

VENUS.

XXVIII.

VENUS. Celeste.

XXIX.

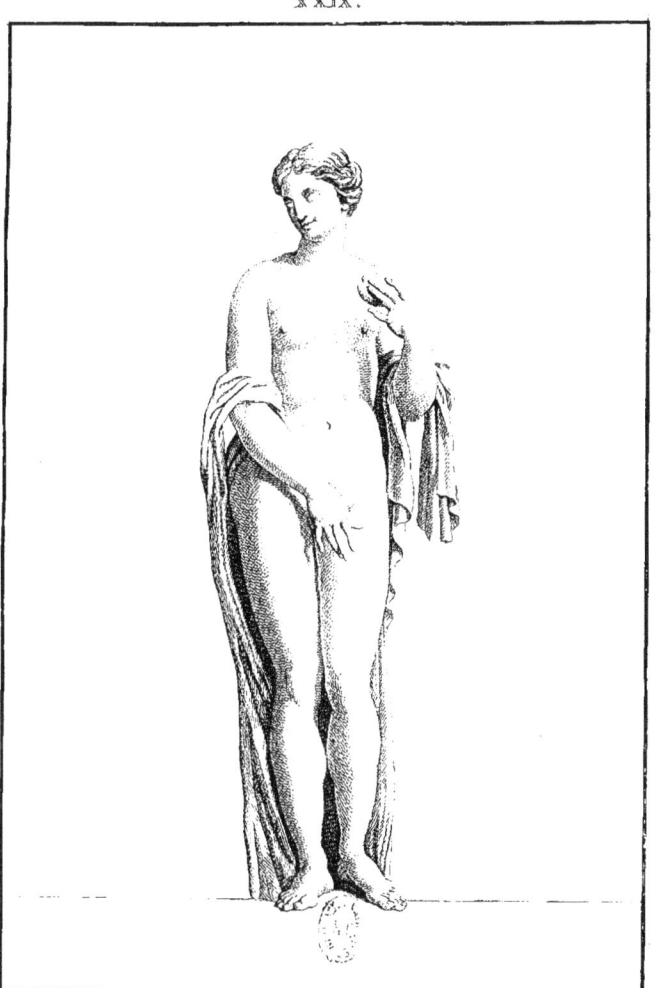

VENUS. Victorieuse.

XXX.

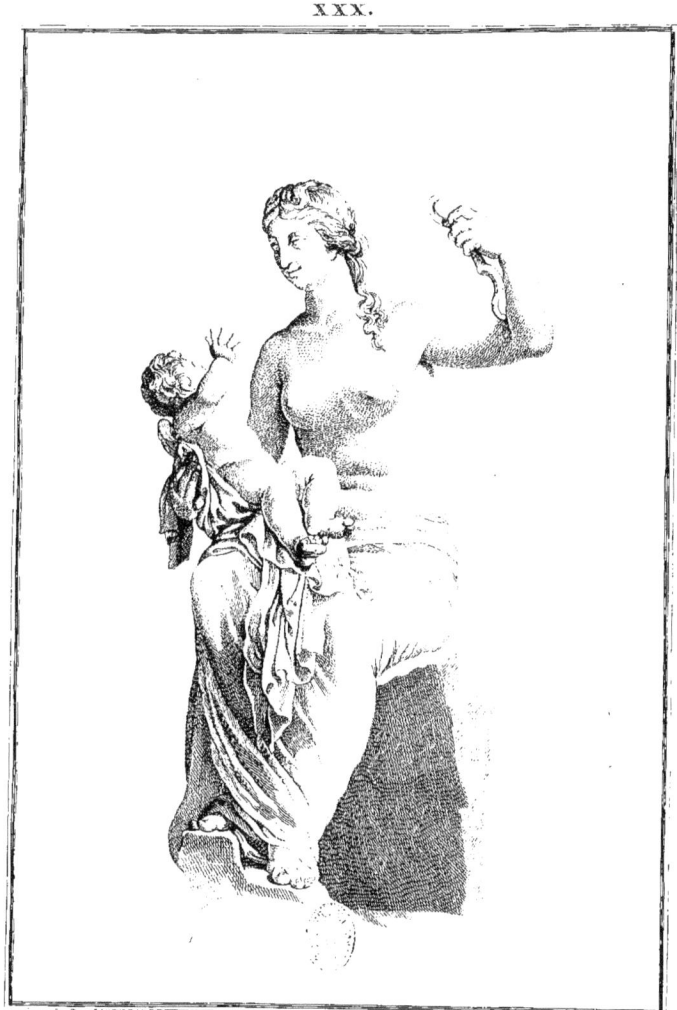

VENUS. Genitrix.

XXXVII.

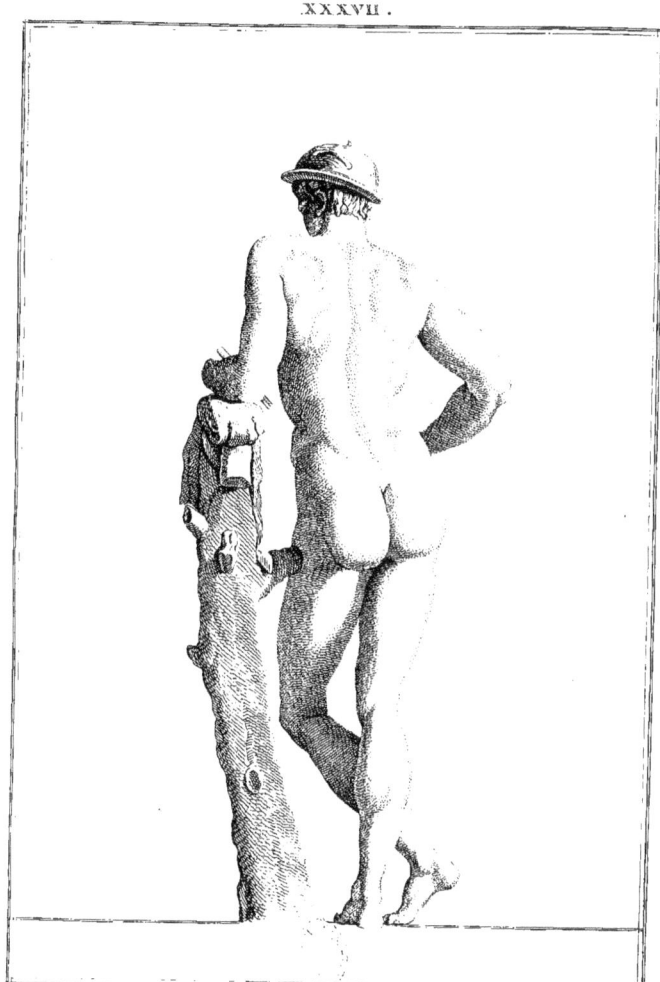

MERCURE.

XXXVIII.

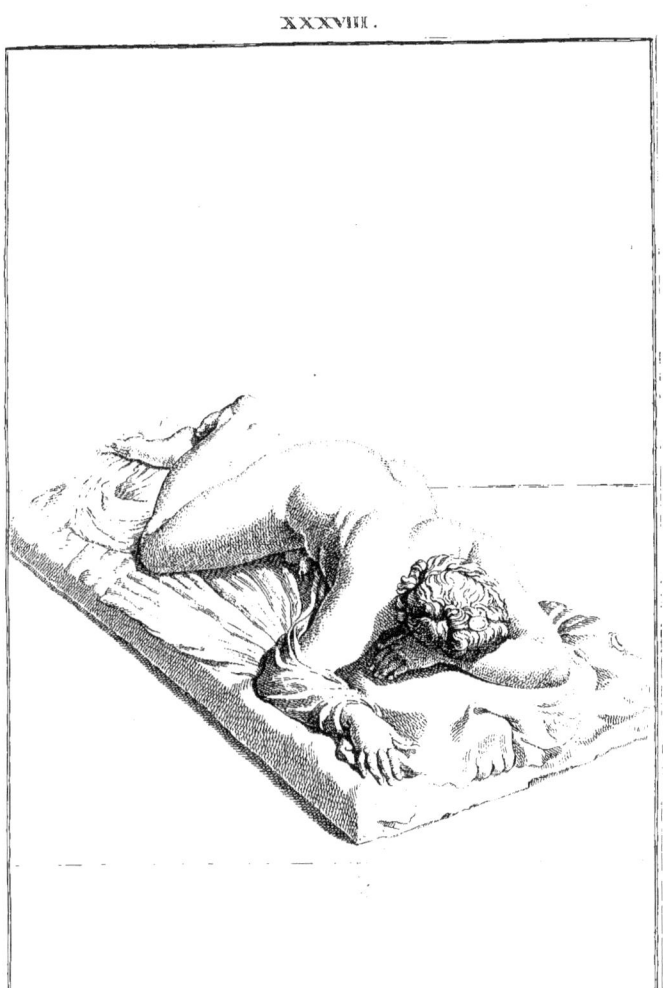

HERMAPHRODITE.

XXXIX.

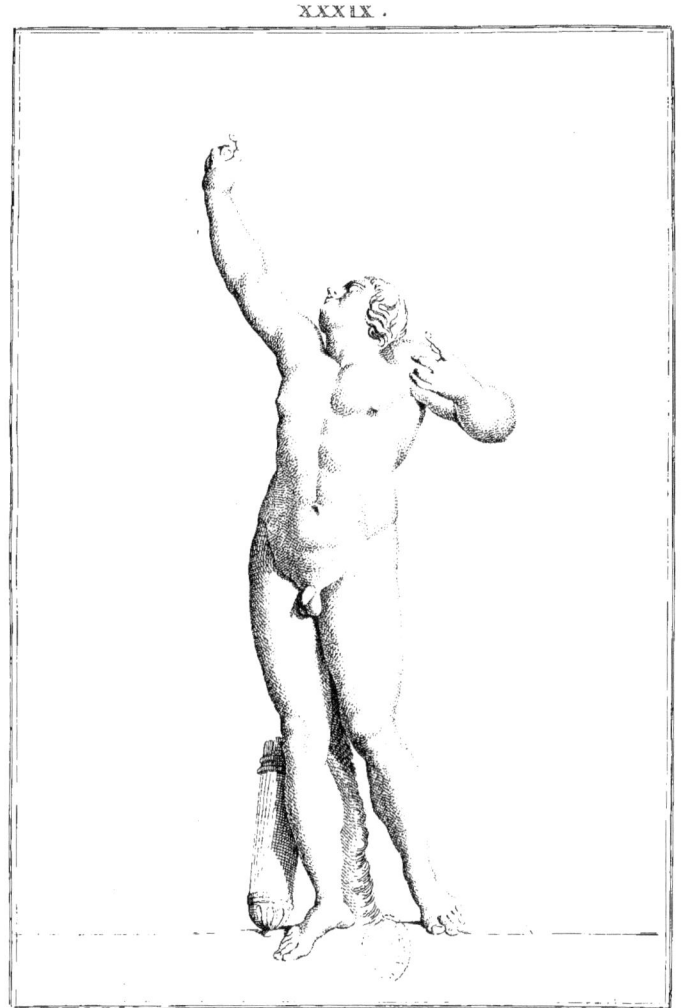

L'AMOUR lançant des Fléches.

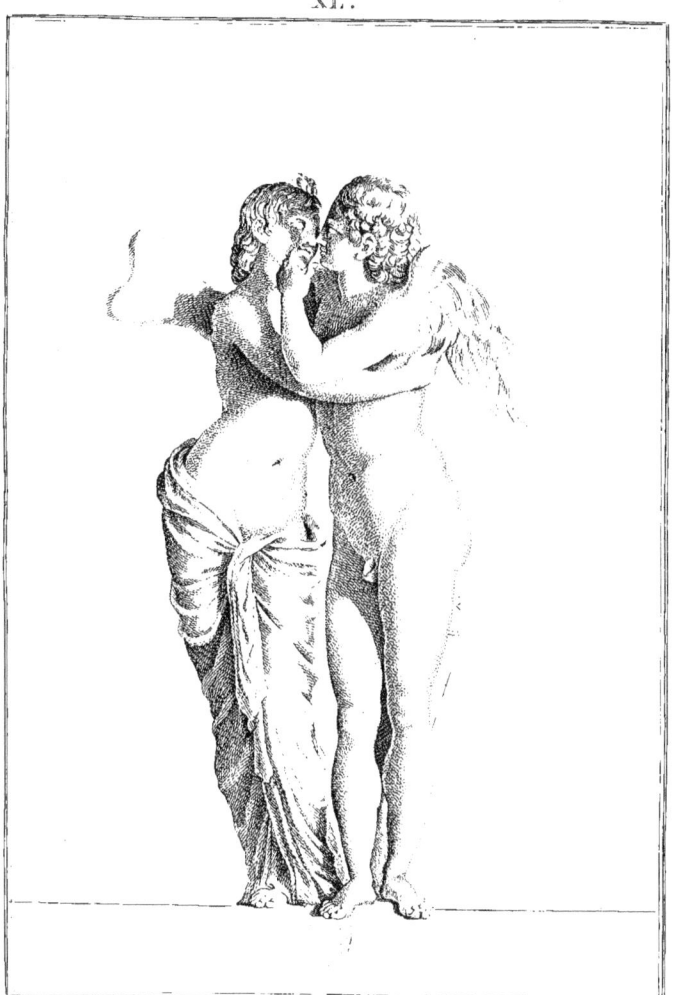

L'AMOUR et PSYCHÉ.

XLI.

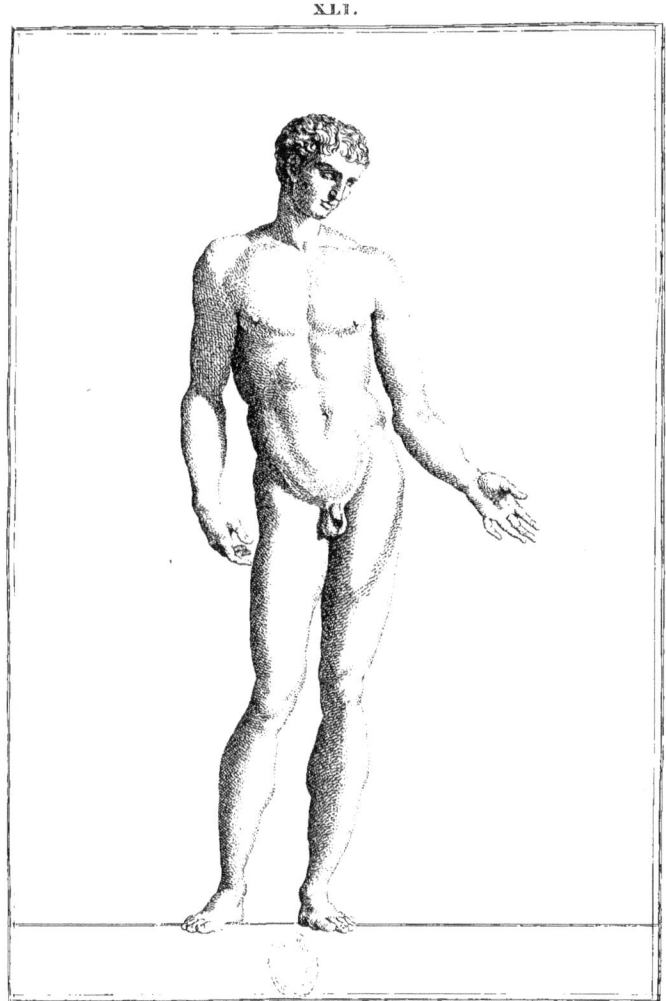

PRŒSTES.

XLII.

PRŒSTES.

LE MUSEUM DE FLORENCE,

Ou Collection des Pierres gravées, Médailles, Statues & Peintures du Cabinet du Grand Duc de Toscane, avec leurs explications françoises,

DÉDIÉ ET PRÉSENTÉ A MONSIEUR, FRERE DU ROI.

Gravée par F. A. DAVID, Graveur de la Chambre & du Cabinet de MONSIEUR, Membre de l'Académie Royale des Beaux-Arts de Berlin, &c. &c.

4.ᵉ LIVRAISON.

Composé de huit Planches, imprimées sur papier velin & Explications, Prix . . . . 6 livres.
Et au bistre sanguin Anglois, Prix . . . 9 livres.

A PARIS,

Chez L'AUTEUR, M. DAVID, rue des Cordeliers, au coin de celle de l'Observance.

LE MUSEUM DE FLORENCE,

Ou Collection des Pierres gravées, Médailles, Statues & Peintures du Cabinet du Grand Duc de Toscane, avec leurs explications françoises,

DÉDIÉ ET PRÉSENTÉ A MONSIEUR, FRERE DU ROI.

Gravée par F. A. DAVID, Graveur de la Chambre & du Cabinet de MONSIEUR, Membre de l'Académie Royale des Beaux-Arts de Berlin, &c. &c.

5.ᵉ LIVRAISON.

n.° 2. STATUES.

Composé de huit Planches, imprimées sur papier vélin & Explications, Prix . . . . 6 livres.
Et au bistre sanguin Anglois, Prix . . . . 9 livres.

A PARIS,

Chez L'AUTEUR, M. DAVID, rue des Cordeliers, au coin de celle de l'Observance.

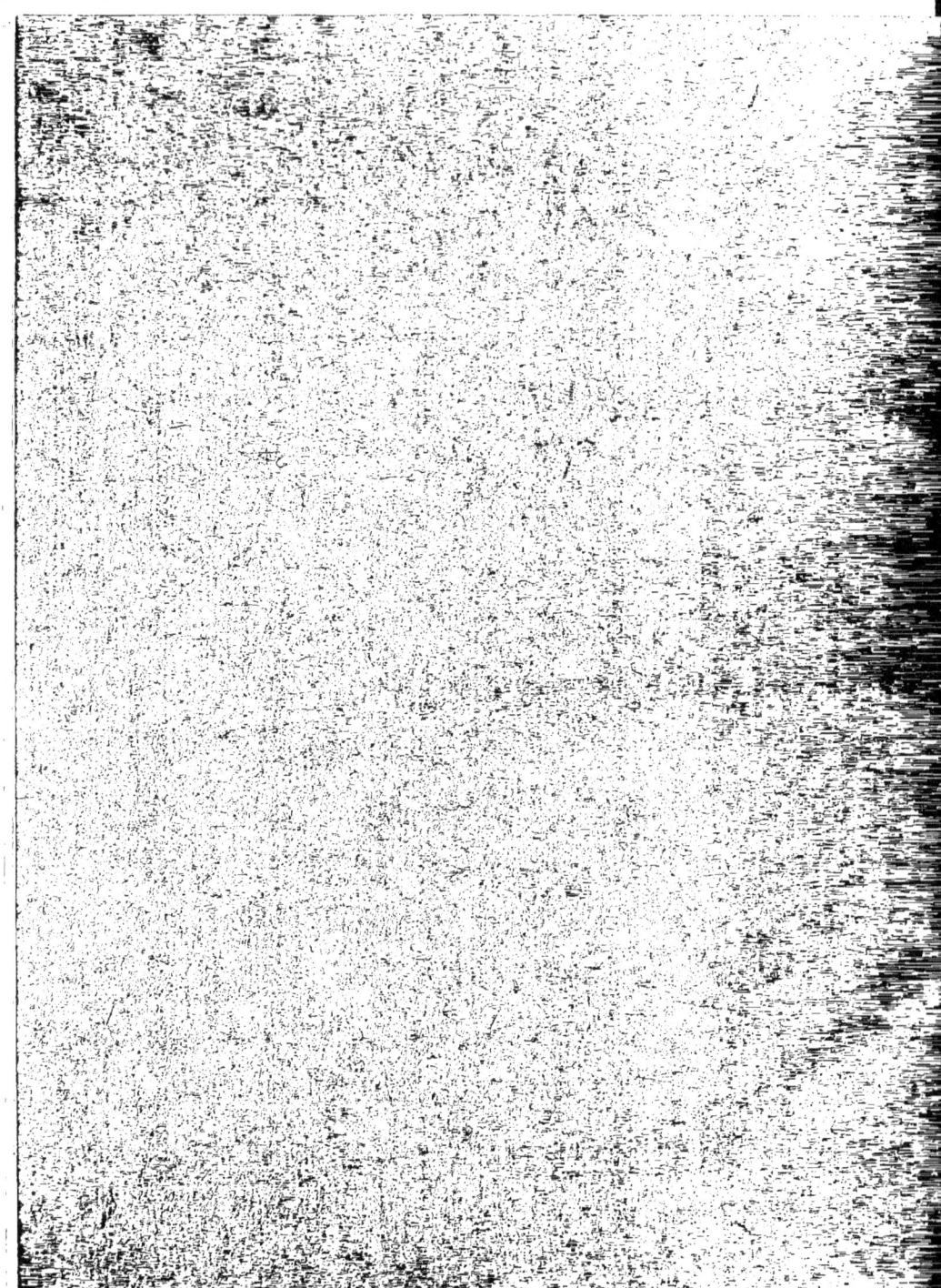

LE MUSEUM DE FLORENCE,

Ou Collection de Pierres gravées, Médailles, Statues & Peintures de la Gallerie & du Cabinet du Grand Duc de Toscane, avec leurs explications françoises,

DÉDIÉ A MONSIEUR, FRERE DU ROI.

Gravé par F. A. DAVID, Graveur de la Chambre & du Cabinet de MONSIEUR, Membre de l'Académie Royale de Peinture, de Berlin, &c. &c.

15.e LIVRAISON.

N.º 3. *Statues*

Composé de 8 Planches, imprimées sur papier vélin & Explications, Prix . . . . 6 livres.
Et au bistre sanguin Anglois, Prix . . . . 9 livres.

A PARIS,

Chez L'AUTEUR, M. DAVID, rue des Cordeliers, au coin de celle de l'Observance.

LE MUSEUM DE FLORENCE,

Ou Collection de Pierres gravées, Médailles, Statues & Peintures de la Gallerie & du Cabinet du Grand Duc de Toscane, avec leurs explications françoises,

DÉDIÉ A MONSIEUR, FRERE DU ROI.

Gravé par F. A. DAVID, Graveur de la Chambre & du Cabinet de MONSIEUR, Membre de l'Académie Royale de Peinture de Berlin, &c. &c.

28 LIVRAISON.

N°.

Composé de **6** Planches, imprimées sur papier vélin & Explications, Prix . . . . 6 livres.
Et au bistre françain Anglois, Prix . . . . 9 livres.

A PARIS,

Chez L'AUTEUR, M. DAVID, rue des Cordeliers, au coin de celle de l'Observance.

LE MUSEUM DE FLORENCE,

Ou Collection de Pierres gravées, Médailles, Statues & Peintures de la Gallerie & du Cabinet du Grand Duc de Toscane, avec leurs explications françoises,

DÉDIÉ A MONSIEUR, FRERE DU ROI.

Gravé par F. A. DAVID, Graveur de la Chambre & du Cabinet de MONSIEUR, Membre de l'Académie Royale de Peinture, de Berlin, &c. &c.

30.ᵉ — LIVRAISON.

N°. — *Statues*

Composé de 6 Planches, imprimées sur papier vélin & Explications, Prix . . . . 6 livres.
Et *au bistre sanguin Anglois*, Prix . . . . 9 livres.

A PARIS,

Chez L'AUTEUR, M. DAVID, rue des Cordeliers, au coin de celle de l'Observance.

www.ingramcontent.com/pod-product-compliance
Lightning Source LLC
Chambersburg PA
CBHW050216230526
45470CB00001B/406